# 통큰통독
말씀이 삶이 되어

# 새 워크북
## 학생용

주해홍 지음

도서출판 에스라

## 통큰통독 새 워크북

2018년 1월 초판 1쇄 발행
2018년 8월 초판 5쇄 발행
2019년 8월 개정판 1쇄 발행
2021년 5월 개정판 3쇄 발행

| | |
|---|---|
| **지은이** | 주해홍 |
| **펴낸이** | Hae Hong Joo |
| **편집 디자인** | 조민정 |
| **펴낸곳** | (주)도서출판 에스라 |
| **등록** | 2018년 1월 22일 제 2018-000009호 |

| | |
|---|---|
| **연락처** | 미주 714-713-8833 / 213-220-1716 |
| | 한국 010-2834-5982 / 010-3905-5046 |
| | e-mail: haejoo518@gmail.com |
| | www.90daysbible.com |

| | |
|---|---|
| **공급처** | (주)비전북 |
| | T. 031-907-3927 |

ISBN 979-11-960521-6-4
잘못된 책은 바꾸어 드립니다.

 "에스라가 여호와의 율법을 연구하여 준행하며
율례와 규례를 이스라엘에게 가르치기로 결심하였었더라" (에스라 7:10)

# 오늘 성경 읽으셨나요?

Have you read the Bible today?

你今天讀聖經了嗎?

¿Leiste la Biblia hoy?

Вы сегодня читали Библию?

今日聖書読みましたか?

주해홍 목사와
함께하는
말씀이 삶이 되는
성경통독

## 3가지 관점

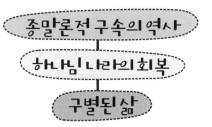

종말론적 구속의 역사

하나님 나라의 회복

구별된 삶

## 3가지 개념

신위
(神爲)

인위
(人爲)

자기중심성
(自己中心性)

# 통큰통독 새 워크북 **활용법**

이 책은 통큰통독 소그룹이나 단체 세미나를 16주 과정으로 진행할 경우, 또는 개인적으로 본교재를 활용하여 공부하는 학생들이 강의 노트로 사용할 수 있도록 만들었습니다. 매일 읽기 분량을 중심으로 주어진 질문에 대한 답을 교재 본문에서 읽어 이해한 후 작성하도록 인도합니다.

교재 본문과 인도자 지침서에서
1. 각 주차의 줄거리 요약을 읽어 그 주간에 읽을 성경 범위의 개요를 파악합니다.
2. 각 시대별 줄거리 요약을 읽고 시대의 특징을 파악합니다.
3. 매일 읽기 분량의 요약을 읽어 그 날 읽을 성경의 분량의 개요를 파악합니다.
4. 매일 읽기 분량을 설명한 교재 본문을 공부합니다.
5. 그 날 분량에 대해 주어진 질문의 답을 본 교재 내용에서 찾아 기록합니다.

예를 들면
**01-27** 왜 하나님은 바벨탑 상황에 대해 진노하셨나요? - p102
이 상황을 오늘날 우리의 상황과 비교해 볼 수 있을까요?
나에게 바벨탑 같은 사고방식은 없나요?

위의 질문의 경우 01-27은 1일째 27번째 질문이고 그 답의 내용은 p102에 있다는 것입니다.

여기까지 공부하는데 약 20분 정도 소요될 것입니다.

6. 그런 후에 할당된 성경 본문을 전문 성우가 읽은 CD 음성 파일을 들으면서 읽습니다.
약 40분 정도 소요될 것입니다.

7. "말씀이 삶이 되는 하루"를 가지고 묵상하며 실천하는 삶을 결단하고 실행합니다.
그렇게 산 삶을 "통통 90일 성경 일독 전리품 보물 창고"에 기록해서 늘 참고하세요.

성경에 관하여 공부하는 것으로 끝내서는 절대 안 됩니다.
성경 본문을 직접 읽는 것이 핵심입니다. 그래서 성경 속에서 나를 위해 역사하시는 하나님을 만나고 그 하나님과 관계를 회복하여 하나님 주시는 천국의 삶을 이 땅에서 맛보며 누리는 삶을 사시기를 주님의 이름으로 축원하고 축복합니다.

주해홍 목사

## 통큰통독 90일 성경일독 순서표(개정판) 1

| 통독일 | 날짜 | 요일 | 오늘의 말씀 | 교재읽기 | 성경읽기 |
|---|---|---|---|---|---|
| 1 | | | 창1-11 | | |
| 2 | | | 창12-23 | | |
| 3 | | | 창24-36 | | |
| 4 | | | 창37-50 | | |
| 5 | | | 출1-12 | | |
| 6 | | | 출13-24 | | |
| 7 | | | 출25-40 | | |
| 8 | | | 레1-10 | | |
| 9 | | | 레11-27 | | |
| 10 | | | 민1-14 | | |
| 11 | | | 민15-27 | | |
| 12 | | | 민28-36 / 신1-3 | | |
| 13 | | | 신4-18 | | |
| 14 | | | 신19-34 / 시90 | | |
| 15 | | | 수1-12 | | |
| 16 | | | 수13-24 | | |
| 17 | | | 삿1-12 | | |
| 18 | | | 삿13-21 / 룻1-4 | | |
| 19 | | | 삼상1-16 / 시23 | | |
| 20 | | | 대상9:35-10장 / 삼상17-21장 / 시59, 56, 34 / 삼상22 / 시52 / 삼상23 / 시63 / 삼상24 / 시57, 142 / 시54 / 삼상25 | | |
| 21 | | | 삼상26-31 / 삼하1 / 시18 / 삼하2-7 | | |
| 22 | | | 대상11-15 / 시8, 19, 29, 65, 68, 103, 108, 138 / 대상16 | | |
| 23 | | | 시96, 105, 106, 39, 62, 50, 73, 74, 75, 76, 77, 78, 79, 80, 81, 82, 83, 88 / 대상17 / 삼하8-12:15(상) | | |
| 24 | | | 시32, 51 / 삼하12:15(하)-15장 / 시3 / 삼하16:1-14 / 시7 / 삼하16:15-20장 | | |
| 25 | | | 삼하21-23 / 대상18-20 / 시60 / 삼하24 / 대상21 / 시4, 5, 6, 9, 10, 11, 12, 13 | | |
| 26 | | | 시14, 16, 17, 22, 25, 26, 27, 28, 31, 35, 36, 38, 40, 41, 53, 55 | | |
| 27 | | | 시58, 61, 64, 69, 70, 71, 86, 102, 109, 139, 140, 141, 143 | | |
| 28 | | | 시37 / 대상22 / 시30 / 대상23-26 / 시15, 24, 42, 43, 44, 45, 46, 47, 48, 49, 84, 85, 87 | | |
| 29 | | | 대상27-29 / 시2, 20, 21, 72, 93, 94, 95, 97, 98, 99, 101, 110, 144, 145 | | |
| 30 | | | 왕상1-11 | | |
| 31 | | | 잠언1-16 | | |
| 32 | | | 잠17-22:16 / 아1-8 | | |
| 33 | | | 전1-12 | | |
| 34 | | | 대하1-9 | | |
| 35 | | | 왕상12-16 / 대하10-16 | | |
| 36 | | | 왕상17-22 / 대하17-20 | | |
| 37 | | | 왕하1-12 | | |
| 38 | | | 대하21-22:9 / 왕하13-14 / 대하22:10-25장 / 욘1-4 / 암1-9 | | |
| 39 | | | 왕하15-16:9 / 대하26 / 호1-14 | | |
| 40 | | | 사6 / 사1-5 / 사7-10:4 / 사17 / 사14:24-32 | | |
| 41 | | | 왕하16:10-20 / 미1-7 / 대하27-28 / 왕하17:1-4 / 사28-29 / 왕하17:5-41 / 사10:5-12장 | | |
| 42 | | | 왕하18:1-12 / 잠언25-29 / 사15-16 / 사18-20 / 사22:15-25 / 사30-32 / 왕하20:1-19 / 사38-39 / 왕하18:13-19장 | | |
| 43 | | | 사36-37 / 왕하20:20, 21 / 사22:1-14 / 사23-27 / 대하29-32 / 왕하21 / 습1-3 | | |
| 44 | | | 왕하22-23:25 / 대하33-35:19 / 시33, 66, 67, 100 / 왕하23:26, 27 / 나1-3 / 렘1-6 | | |
| 45 | | | 왕하23:28-34 / 렘22:10-17 / 대하35:20-36:4 / 합1-3 / 왕하23:35-37 / 렘26:1-6 / 렘7-8:3 / 렘26:7-24 / 렘11-12 | | |
| 46 | | | 렘47 / 렘46:1-12 / 렘13:1-14 / 렘18:1-17 / 렘45 / 렘36 / 렘25:1-14 / 렘14-17 / 렘8:4-10:16 | | |
| 47 | | | 왕하24:1-4 / 렘35 / 렘23:9-40 / 렘18:18-20장 / 왕하24:5-9 / 렘22:18-30 / 렘13:15-27 / 왕하24:10-17 / 대하36:5-10 / 렘24 / 단1-4 | | |
| 48 | | | 왕하24:18, 19 / 대하36:11, 12 / 렘52:1, 2 / 렘27-29 / 렘25:15-38 / 렘48-51 | | |
| 49 | | | 겔1-3:21 / 왕하24:20-25:3 / 렘52:3-6 / 렘10:17-25 / 렘21-22:9 / 렘34 / 렘46:13-28 / 렘37 / 렘30-33 / 렘23:1-8 / 렘38 | | |
| 50 | | | 대하36:13-16 / 겔8-11 / 겔13-18 / 겔20-21:17 / 겔22:1-22 / 겔23 | | |

## 통큰통독 90일 성경일독 순서표(개정판)2

| 통독일 | 날짜 | 요일 | 오늘의 말씀 | 교재읽기 | 성경읽기 |
|---|---|---|---|---|---|
| 51 | | | 겔21:18-32 / 겔24 / 겔3:22-7장 / 겔29:1-16 / 겔30:20-31장 / 왕하25:4-21 / 렘52:7-11 / 렘39:1-7 / 대하36:17-21 / 겔12 / 렘52:12-27 / 렘39:8-10 / 시89 | | |
| 52 | | | 애1-5 / 왕하25:22-26 / 렘39:11-44장 / 겔33:21-33 / 겔19 / 겔22:23-31 / 겔25-28 / 겔32 | | |
| 53 | | | 옵1 / 시137 / 렘52:28-30 / 겔33:1-20 / 겔34-39 | | |
| 54 | | | 겔40-48 / 겔29:17-21 / 겔30:1-19 / 왕하25:27-30 / 렘52:31-34 / 사13-14:23 / 사21, 33-35 / 단5 | | |
| 55 | | | 사40-55 | | |
| 56 | | | 잠22:17-24장 / 잠 30-31 / 욥1-11 | | |
| 57 | | | 욥12-24 | | |
| 58 | | | 욥25-42 | | |
| 59 | | | 대하36:22, 23 / 스1-4:5, 4:24-5:1 / 학1-2 | | |
| 60 | | | 슥1-8 / 스5:2-6 / 단6 | | |
| 61 | | | 대상1-9:34 / 에1-2 | | |
| 62 | | | 에3-10 / 스4:6-23 / 스7-10 | | |
| 63 | | | 느1-10 / 욜1-3 | | |
| 64 | | | 시1, 91, 119 / 느11-12:30 / 시120-127 | | |
| 65 | | | 시128-134 / 느12:31-47 / 시104, 107, 111-113 | | |
| 66 | | | 시114-118, 135, 136, 146-150 | | |
| 67 | | | 느13:1-22 / 시92 / 느13:23-31 / 말1-4 / 사56-66 | | |
| 68 | | | 슥9-14 / 단7-12 | | |
| 69 | | | 눅1:1-4 / 요1:1-5, 9-13절 / 마1:1-17 / 눅3:23-38 / 눅1:5-2:7 / 마1:18-25 / 요1:14 / 눅2:8-39 / 마2:1-23 / 눅2:40-52 / 요1:6-8, 15-34 / 마3 / 막1:1-11 / 눅3:1-18, 21-22 / 마4:1-11 / 막1:12-13 / 눅4:1-13 / 요1:35-51, 2:1-12 / 요3 / 마14:3-5 / 막6:17-20 / 눅3:19-20 / 마4:12 / 막1:14 / 요4:1-44 / 마4:13-17 / 막1:15 / 눅4:14-30 / 요4:45-54 / 마4:18-22 / 막1:16-20 / 눅5:1-11 | | |
| 70 | | | 마8:14-17 / 막1:21-34 / 눅4:31-41 / 마4:23-25 / 막1:35-39 / 눅4:42-44 / 마8:2-4 / 막1:40-45 / 눅5:12-16 / 마9:2-17 / 막2:1-22 / 눅5:17-39 / 요5 / 마12:1-21 / 막2:23-3:12 / 눅6:1-11 / 마10:2-4 / 막3:13-19 / 눅6:12-16 / 마5:1-8:1 / 눅6:17-49 / 마8:5-13 / 눅7:1-17 / 마11:2-30 / 눅7:18-35 | | |
| 71 | | | 눅7:36-50, 8:1-3 / 마14:6-12 / 막6:21-29 / 마12:22-50 / 막3:20-35 / 눅8:19-21 / 마13:1-53 / 막4:1-34 / 눅8:4-18 / 마8:18, 23-9:1 / 막4:35-5:20 / 눅8:22-39 / 마9:18-34 / 막5:21-43 / 눅8:40-56 / 마13:54-58 / 막6:1-6(상) / 마9:35-38 / 막6:6(하) / 마10:1,5-11:1, 14:1-2 / 막6:7-16, 30 / 눅9:1-10(상) / 마14:13-15:20 / 막6:31-7:23 / 눅9:10(하)-17 / 요6 | | |
| 72 | | | 마15:21-16:4 / 막7:24-8:12 / 마16:5-20 / 막8:13-30 / 눅9:18-21 / 마16:21-28 / 막8:31-9:1 / 눅9:22-27 / 마17:1-13 / 막9:2-13 / 눅9:28-36 / 마17:14-18, 8:19-22 / 막9:14-50 / 눅9:37-62 / 요7-10:21 | | |
| 73 | | | 눅10:1-13:21 / 요10:22-39 / 눅13:22-18:14 / 요10:40-11:54 / 마19:1-20:28 / 막10:1-45 / 눅18:15-34 | | |
| 74 | | | 마20:29-34 / 막10:46-52 / 눅18:35-19:28 / 요11:55-12:1, 9-11 / 마21:23 / 막11-12 / 눅19:29-20:40 / 눅21:37-38 / 눅20:41-21:4 / 요12:12-19 / 요12:13-25 / 요12:20-50 | | |
| 75 | | | 마24-25 / 막13 / 눅21:5-36 / 마26:1-46 / 막14:1-42 / 눅22:1-46 / 요12:2-8 / 요13-18:1 | | |
| 76 | | | 마26:47-27 / 막14:43-16:1 / 눅22:47-23 / 요18: 2-19 / 마28 / 막16:2-20 / 눅24 / 요20-21 | | |
| 77 | | | 행1-12 | | |
| 78 | | | 약1-5 / 행13-15:35 / 갈1-6 | | |
| 79 | | | 행15:36-18:22 / 살전1-5 / 살후1-3 / 행18:23-19:22 / 고전1-6 | | |
| 80 | | | 고전7-16 | | |
| 81 | | | 행19:23-20:1 / 고후1-13 | | |
| 82 | | | 행20:2, 3상 / 롬1-16 | | |
| 83 | | | 행20:3하-28장 | | |
| 84 | | | 빌1-4 / 몬1 / 골1-4 | | |
| 85 | | | 엡1-6 / 딤전1-6 | | |
| 86 | | | 딛1-3 / 딤후1-4 / 벧전1-5 | | |
| 87 | | | 유1 / 벧후1-3 / 히1-7 | | |
| 88 | | | 히8-13 / 요일1-5 / 요이1 / 요삼1 | | |
| 89 | | | 계1-11 | | |
| 90 | | | 계12-22 | | |

인위뚝! 신위GO!

# CONTENTS

★ 통통 90일 성경일독 전리품 보물 창고

인위뚝! 신위GO!

# 서론 ; 통큰통독의 성경신학적 관점과 개념

## 책 머리글

`00-1` 신앙생활의 변화를 위해 교회가 주로 하는 것은 어떤 것들이 있을까요? - p 8

`00-2` 말씀의 능력이 어떤 변화를 일으킵니까? - p 8

`00-3` 만일 이런 능력이 나타나고 있지 않다면 그 원인은 무엇일까요? - p 8

`00-4` 말씀의 능력이 나타나도록 제자인 우리에게 예수님이 명령하는 것은 무엇입니까? - p 8

`00-5` 양육은 무엇을 기초로 이루어져야 합니까? - p 9

`00-6` 통전적 이해를 기초로 한 양육(말씀대로 사는 삶)의 결과는 어떻게 나타날까요? - p 9

`00-7` 이 부흥을 위해서 반드시 해야 하는 것이 있습니다. 그것이 무엇일까요?
성경 통독할 때 초점을 어디에 두고 읽어야 할까요? - p 9

`00-8` 통큰통독(이하 통통) 교재의 강점은 무엇입니까? - p 9

`00-9` 통통이 제시하는 성경을 읽는 2가지 방법은 무엇일까요? - p 9

# 서론 1.
## 성경읽기의 관점 반드시 숙지하여 관점과 개념을 공유하기를 바랍니다.


### 1) 성경이란 무엇인가? - p22

`00-10` 통큰통독은 성경을 무엇이라고 정의하고 있나요? - p 22
신학적 정의에 근거해서 각자에게 성경은 무엇인가요?


`00-11` 통큰통독에서 성경을 무엇으로 정의합니까? 왜 그렇게 정의할까요? - p 22
   B. =
   I. =
   B. =
   L. =
   E. =
Basic Information Before Leaving Earth.
즉 성경은 이 땅에 살아가는데 필요한 정보를 제공하는 책이라는 말입니다.


`00-12` 성경이 제공하는 기본정보는 무엇인가요? - p 23


### 2) 성경을 왜 읽어야 하는가? -p23

`00-13` 성경을 읽어야 하는 이유와 목적이 분명해야 성경 읽기를 통해서 얻어지는 유익함을 분명하게 얻을 수 있음을 명심하고, 그 이유와 목적을 명확히 알아 두세요. - p 23


`00-14` 하나님은 왜 우리를 창조하셨다고 하셨나요?(창 1:26-28)
관련해서 성경은 복을 무엇이라고 언급하고 있나요?(시 73:28)( p 23 참조) - p 24


`00-15` 진정한 변화는 어떤 변화를 말합니까? - p 27

`00-16` "역시귀본(逆時歸本)"의 뜻은 무엇이며, 이것이 그리스도인의 삶의 어떤 모습을 보여 주는 말입니까? 이것이 성도의 삶인데 나도 그런 삶을 살아가는지를 이 부분을 자세히 읽으며 성찰해 보세요. - p 27-30

`00-17` 고후 10:4,5은 성경을 읽어서 추구하는 변화는 성경적 세계관, 하나님 중심의 가치관을 회복하는 것을 말합니다. 우리의 삶을 지배하고 있는 것은 성경의 원리입니까? 세속적 원리입니까? - p 30

### 3) 성경을 어떻게 읽어야 하는가? - p 31

`00-18` 성경을 바르게 읽는다는 것은 통전적으로 전인격을 동원해서 읽는 것입니다.
전인격적 성경 읽기란 어떻게 읽는 것인가요?- p 31
①
②
③

`00-19` 어떤 경우에 사람은 참된 가치를 회복할 수 있나요? - p 32

# 서론2.
# 성경읽기 방법 두 가지

`00-20` 통전적 의미란 무엇입니까? 따라서 성경을 통전적 의미를 파악하면서 읽는다는 것은 어떤 읽기를 말합니까? 성경 66권을 별개의 책으로 읽어야 하나요? 아니면 하나의 줄거리를 가진 한 권의 책으로 읽어야 하나요? - p 34

`00-21` 통전적 성경읽기의 2가지 방법은 무엇입니까? - p 35
① (          ) 따라 읽기
② (          ) 따라 읽기

`00-22` 성경을 2가지 방법으로 읽어야 하는 이유는 무엇일까요? - p 40

인위뚝! 신위GO!

# 서론3.
# 성경 읽기의 3가지 성경 신학적 관점 – 흐름과 맥

**00-23** 통큰통독이 제시하는 성경읽기의 3가지 신학적 관점은 무엇인가요? – p 42

① 

② 

③ 

## 관점 1 – p 42

**00-24** 종말론적 구속사의 관점을 설명해 보세요. – p 42

구속(救贖, Redemption)이란 ?
왜 구속하시기를 갈망하시는가?
종말의 의미는?

**00-25** 하나님은 왜 인간을 구원하시려고 할까요? – p 43

**00-26** 성경을 종말론적 구속사의 관점으로 읽어야 하는 이유는 무엇입니까? – p 43

**00-27** 성경의 역사관은 무엇입니까? – p 44

## 관점 2 – p 49

**00-28** 하나님 나라 회복의 관점을 설명해 보세요. – p 49

**00-29** 하나님은 왜 하나님 나라를 세우기 원하시는 것일까요? – p 50

**00-30** 하나님은 언제부터 하나님 나라를 형성하고 싶어 하셨습니까? – p 51

## 3) 거룩한 삶

인위뚝! 신위GO!

# 서론4.
# 바른 메시지를 찾기 위한 3가지의 개념

**00-43** 바른 메시지를 찾기 위한 3가지 개념은 무엇입니까? - p 68

      ① 

      ② 

      ③ 

**00-44** '신위(神爲)'란 무슨 뜻입니까? - p 68

**00-45** '인위(人爲)'란 무슨 뜻입니까? - p 69

**00-46** '자기중심성(自己中心性)'이란 무엇을 말합니까? - p 70

**00-47** 하나님은 우리로 하여금 신위로 살도록 선악과를 두셨습니다. - p 70

**00-48** 하나님이 선악과를 동산 중앙 가장 잘 보이는 곳에 두신 이유는 무엇입니까? - p 70

**00-49** 하나님이 인간에게 원하시는 단 한가지는 무엇입니까? - p 71

**00-50** 인간에게는 어떤 속성이 있습니까? - p 71

서론을 정리하면서 꼭 기억해야할 요점은

    1. 전인격적 성경읽기
    2. 성경읽기의 2가지 방법
    3. 3가지 관점
    4. 3가지 개념

성경을 읽을 때 마다 늘 가동해야 할 이해의 도구들입니다.

**1주차에 읽을 범위의 주요 개요**

사랑과 복의 관계를 위해 인간을 창조 하신 하나님은 인간이 살아가기에 최고로 좋은 우주만물을 하나님의 계획대로(신위) 창조하시고 만족해 하셨습니다. 그러나 인간은 인위를 발동하고 그래서 사탄의 유혹에 넘어가 하나님과의 관계를 파괴합니다. 하나님은 인간을 낙원에서 추방하고 사탄을 저주 합니다. 그러면서 인간을 다시 낙원으로 돌아오게 하기 위한 계획을 밝힙니다(창 3:15). 이 구속의 역사를 위해 하나님은 아브라함을 통해 자손과 땅의 약속하심으로 준비하셨고, 모세를 통해 시내산 언약을 통해 하나님 나라를 회복하심으로 본격적으로 시작하시는 것입니다. 야곱의 70인 가족을 애급으로 이민하게 하시고 400여 년간 자손을 번성 시킵니다. 아브라함의 언약을 통해 자손(하나님의 백성)의 형성이 이루어지자, 하나님은 그들을 아브라함과의 두 번째 약속인 땅의 약속을 성취하기 위해 그들을 애급에서 이끌어 낼 모세를 세우고 연단하십니다.

# 01 창조 시대 원역사(元歷史)

아라랏 산 ▲

일곱째 달 곧 그 달 열이렛날에 방주가 아라랏 산에 머물렀으며(창 8:4)

카스피 해

가인이 여호와 앞을 떠나서 에덴 동쪽 놋 땅에 거주하더니 (창 4:16)

이같이 하나님이 그 사람을 쫓아내시고 에덴동산 동쪽에 그룹들과 두루 도는 불 칼을 두어 생명나무의 길을 지키게 하시니라 (창 3:24)

강이 에덴에서 흘러나와 동산을 적시고 거기서부터 갈라져 네 근원(根原)이 되었으니 첫째의 이름은 비손이라. (창 2:10~11)

유브라데스강

티그리스강

대 해 (지중해)

에덴동산 (?)

기혼강

비손강

여호와 하나님이 동방의 에덴에 동산을 창설하시고 그 지으신 사람을 거기 두시니라
여호와 하나님이 그 땅에서 보기에 아름답고 먹기에 좋은 나무가 나게 하시니
동산 가운데에는 생명 나무와 선악을 알게 하는 나무도 있더라
강이 에덴에서 흘러 나와 동산을 적시고 거기서부터 갈라져 네 근원이 되었으니
첫째의 이름은 비손이라 금이 있는 하윌라 온 땅을 둘렀으며
그 땅의 금은 순금이요 그 곳에는 베델리엄과 호마노도 있으며
둘째 강의 이름은 기혼이라 구스 온 땅을 둘렀고
셋째 강의 이름은 힛데겔이라 앗수르 동쪽으로 흘렀으며 넷째 강은 유브라데더라
[창세기 2장 8~14절]

인위뚝! 신위GO!

🕐 1일차 요약    성경은 창세기 1:1절을 통해 창조를 선포합니다! 하나님께서는 온 우주 만물을 만드시고 그 모든 것을 임의로 아담이 주관하게 하시고 복을 주시며 다스리게 하십니다. 오직 하나의 예외는 선악과를 두어 하나님이 창조주 되심을 언제나 기억하도록 하셨습니다.

에덴은 하나님 나라의 진정한 원형입니다. 그러나 아담이 사탄의 유혹에 넘어가 죄가 들어오므로 하나님과의 관계가 끊어지고 하나님 나라를 상실하게 되었습니다(관계 파괴). 하나님은 창세기 3:15을 통해 하나님 나라를 회복시키겠다는 영적 전쟁을 선전포고 하셨습니다(처음 약속인 복을 다시 주시려고).

그 이후 이 세상은 하나님을 예배하며 하나님 중심으로 사는 셋 계열의 하나님 나라 문화와 자기중심성을 따라 사는 가인계열의 인간 문화의 두 물줄기로 창세기 초반부터 요한계시록까지 흘러갑니다. 그 두 문화는 결국 하나님을 예배하는 셋 공동체가 세상 문화에 정복당하여 노아 홍수라는 하나님의 심판을 받습니다. 그리고 그 이후 다시 셈 계열을 통해 하나님 나라의 자손이 이어가지만 자기중심성을 따라 사는 인간문화는 바벨탑으로 상징되는 세상문화를 만들어냅니다. 하나님은 결국 바벨탑을 흩어버리고 하나님 나라를 회복시키시기 위해 갈대아 우르에서 우상을 섬기던 아브람을 불러내십니다.

📖 오늘의읽을분량

**창 1~11장**

**01-1** 창조의 목적은 무엇입니까? 이것을 또한 창 1:26-28과 연관해서 깊이 묵상하세요. – p 78

•저자강의 『성경 그리고 삶』 p79-84 참조

**01-2** 창 1~11장의 4가지 사건과 특징은 무엇입니까? – p 78

**01-3** 창 12~50장의 4명의 족장들이 보여주는 것은 무엇입니까? – p 79

**01-4** 창 1:1에서 하나님이 우주의 창조주이심을 읽었습니다.
그렇다면 나의 창조주이심도 고백할 수 있습니까?
이 고백은 모든 것의 출발점입니다. – p 80

**01-5** 주인 되신 하나님이 이루고자 하시는 것은 무엇입니까?
그 나라를 이루기 위해 우리에게 요청되는 것은 무엇입니까? – p 80

**01-6** 하나님 나라가 이루어지도록 순종하는 자의 고백을 같이 읽겠습니다. – p 81 '자라나기'

**01-7** 하나님께서 우리를 하나님의 형상으로 지으신 이유는 무엇입니까? – p 82

**01-8** 하나님은 왜 인간에게만 복을 주십니까? – p 85

📑 **보충자료**
## 왜 가정이 주어졌을까?

창 1:26-28의 축복이 있은 후에 가정이 주어졌다. 그리고 서로의 배우자를 돕는 배필이라고 불렀다. 가정을 통해서만 생육하고 충만해질 수 있다. 이것이 성경적 가정의 원리이다. 창 1:27에 "...남자와 여자로 창조하시고..." 28절에 "생육하고 번성하여 땅에 충만하라"고 했다. 성경은 동성애를 인정하지 않는다. 성경이 보여 주는 가정의 관계를 수학적으로 표현하면 1+1=1이다. 세상의 수학으로 보면 불가능한 등식이다. 그러나 하나님은 그렇게 명하시며 하와를 허락하시고 돕는 배필로 주셨다. 1/2+1/2=1이 된다. 즉 하나가 되기 위해서 불필요한 절반을 버리면 된다(자기중심성 내려놓기).

▶창 3:15이 중요한 이유는 무엇입니까? - p 91
이 약속은 선악과 사건으로 깨어진 하나님과의 관계를 원래대로 회복시키겠다는 약속입니다.(창조 언약 때문에) 이것이 곧 구속의 약속이고, 이 약속을 계시록 20장에서 최종적으로 성취됩니다. 성경의 스토리는 그 사이에 일어나는 이야기입니다.

**01-17** 사탄의 3가지 유혹의 목적은 무엇입니까? - p 91

▶타락(하나님과 관계 끊어짐)은 어떤 결과를 초래한다고 했습니까?- p 92

**01-18** 관계가 파괴된 인간이 자기 문제를 해결한 방법은 무엇입니까? - p 93

**01-19** 가죽옷을 입히신 하나님의 메시지는 무엇입니까? - p 94

▶p 95의 도표에서 나 자신의 신앙 위치를 찾아보고 잘못이 있다면 해결 방법을 나누어 보세요.

**01-20** 하나님께서 가인의 제사를 받지 않으신 이유는 무엇입니까? - p 97
(창 4:5-7, 유 1:11, 요일 3:12 참조)

**01-21** 하나님께서 셋을 선택하신 이유는 무엇입니까? - p 97

**01-22** 노아 시대의 상황을 한 마디로 말하면 무엇입니까? - p 98

▶방주의 설계를 주시는 하나님의 의도에서 "신위"의 의미와 중요성을 파악해 보세요. - p 98

**01-23** 이런 특징을 가진 시대에 하나님께서 노아를 부르신 이유는 무엇입니까? - p 98

**01-24** 방주에 동력과 방향타를 허락하지 않으신 이유는 무엇일까요? - p 99

`01-25` 하나님 나라는 어떻게 할 때 이루어집니까? – p 99

`01-26` 바벨탑 사건이 일어난 이유는 무엇입니까? – p 102

`01-27` 왜 하나님은 바벨탑 상황에 대해 진노하셨나요? – p 102
이 상황을 오늘날 우리의 상황과 비교해 볼 수 있을까요?
나에게 바벨탑 같은 사고방식은 없나요?

`01-28` 바벨탑에서 얻을 수 있는 메시지는 무엇입니까? – p 103

`01-29` 하나님 나라를 회복시키기 위해 하나님께서 하시는 일은 무엇입니까? – p 103

🐾 *말씀이 삶이 되는 하루 ·· | 일째*

• 하루의 삶에서 이루고 순종해야 할 신위를 한 가지 택하고 실천하도록 기도하면서 나아가세요. 하나님 나라(관계 회복)는 이런 순종 가운데 이루어지기 때문입니다.

• 오늘 읽은 범위에서 마음 밭에 새기고 실천해야 할 것들을 묵상해 보세요. 특히 우리를 만드신 하나님의 의도를 깊게 묵상하고 '우리 창조의 특별함'(창 1:26-28, 2:7)의 의미를 새겨 보세요.

• 말씀대로 하루를 살고 난 기쁨과 좌절을 기록해 보세요. (전리품 찾기)

하나님이 주인 되시는 나, 가정, 교회, 일터, 나라와 열방을 위해 기도합시다.

• 전리품 기록노트는 각 주차 끝에 있음.

*삶의 흔적을 기록하기*

인위뚝! 신위GO!

# 02 족장 시대

아래 지도로 족장 시대(창세기 전체)까지 줄거리를 말해 보세요.

오늘의 읽을 분량

창 12~23장

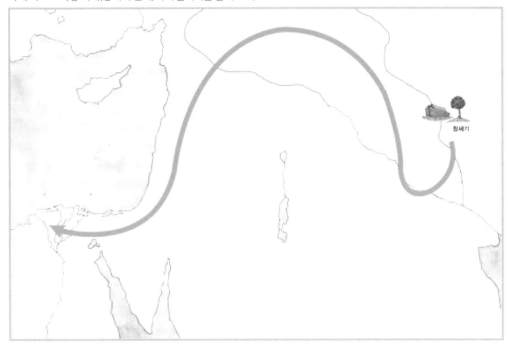

🕐 **2일차 요약**  하나님께서는 한 사람 아브라함을 갈대아 우르에서 불러 내셨습니다. 그리고 아브라함에게 언약을 맺어 주셨습니다. 그 언약의 내용은 앞으로 아브라함의 후손이 셀 수 없이 많아질 것과 아브라함과 그의 후손에게 약속하신 땅(가나안 땅)을 주시겠다는 것이었습니다. 그리고 아브라함의 후손으로 말미암아 천하 만민이 복을 받게 될 것을 약속해 주셨습니다. 그리고 그 언약의 징표로 아브라함과 그의 후손들이 할례를 행하게 하셨습니다. 이 언약은 후일 시내산에서 하나님의 백성으로서 관계를 회복하는 언약인 시내산 언약의 전조입니다. 그런데 성경의 언약은 언제나 하나님께서 주도하시고 그 언약의 성취 역시 하나님의 방법대로 행하십니다.

아브라함은 자기중심성을 내려놓고 하나님의 뜻을 따라 자신에게 언약하신 약속이 이루어질 것을 믿기까지 여러 실수가 있었고 오랜 시간이 걸렸습니다. 하나님은 아브라함이 자기중심성을 내려놓고 하나님과의 바른 관계 가운데 하나님을 온전히 의지하고 순종하는 법을 훈련시키기 위해 수십 년의 시간을 사용하셨습니다. 아브라함은 결국 이삭을 제물로 바치라는 하나님의 명령에 대한 순종을 통해 그의 믿음을 확증했습니다. 또한 하나님은 아브라함이 그 분의 언약이 성취되는 통로로 쓰임 받는 믿음의 사람이 된 것을 인정해주셨습니다.

# 1. 아브라함

**02-1** 아브람이 살았던 갈대아 우르는 어떤 지역이었습니까? – p 106

**02-2** 하나님께서 아브람에게 갈대아 우르를 떠나라고 하신 이유는 무엇입니까? – p 107

`02-3` 아브람이 가야할 가나안 땅의 특징을 찾아보십시오. - p 107

`02-4` 하나님은 왜 이런 가나안 땅을 선택하셨을까요? - p 107

`02-5` 지시할 땅으로 가라는 부르심 앞에서 아브람의 상반되는 태도를 찾아보십시오. - p 107
"한 번의 순종이 다음 번 순종을 보장하는 것은 아닙니다."

`02-6` 인위로 돌아간 아브람을 하나님이 어떻게 보호하십니까?(창 12:18-20 참조) - p 108

`02-7` 하나님 나라를 이루시려는 하나님의 열망은 무엇으로 나타납니까? - p 108
"이는 우리가 믿음으로 행하고 보이는 것으로 행하지 아니함이로다."(고후 5:7 참조)

▶롯과 아브라함이 초지 때문에 헤어질 때 그 상황을 대처하는 두 사람의 자세를 비교해 보세요. 롯의 믿음은 가시적인 것입니다. 나는 어떤 결단을 내릴 것 같습니까?

`02-8` 언약의 특징은 무엇입니까? - p 109

`02-9` 아브라함과의 언약 속에 있는 하나님 나라의 요소는? - p 110
이 요소는 무엇을 암시합니까?

▶18장은 예배의 모형을 보여 주는 장이기도 합니다. 아브라함은 어떻게 하나님을 예배하는가를 잘 숙지해서 오늘날 우리의 예배의 모습은 어떤지 반성해 보라. - p 110

▶19:26에서 왜 롯의 아내가 왜 소금기둥이 되었는가?
나도 그렇게 뒤에다 미련을 두고 있는가? 하나님 뜻대로 그것을 버릴 수는 없는가? - p 110

▶소돔과 고모라의 심판은 왜 임하게 되었는지를 생각해 보고, 그런 현실이 오늘 우리 주변에도 일어나고 있는지를 성찰해 보아야 합니다. 동성애 문제는 심각한 심판을 초래할 수 있는 상황입니다. - p 110

인위뚝! 신위GO!

# 2. 이삭

**02-10** 자식에 대한 약속 이행이 지체되자 아브라함의 인위의 발상은 어떻게 진행되고 있습니까?
　　　 – p 111

▶하나님은 순종하는 자의 미래를 준비하십니다.
이 복을 누리는 여부는 우리의 믿음에 달려 있습니다.

**02-11** 하나님께서 이해할 수 없는 명령을 내리시는 이유는 무엇입니까? – p 111

▶약속의 아들을 주실 때도 하나님의 방법대로 주신다는 사실을 기억해야 합니다.
그것이 하나님의 기도 응답의 방법이다. – 신위 – p 111

**02-12** 아브라함의 생애를 통해 말씀하시는 메시지는 무엇입니까? – p 112

---

🌷 *말씀이 삶이 되는 하루·· 2 일째*

• 아브라함의 삶에서 나타난 신위와 인위에 대해 배운 것이 무엇인가요?

• 오늘 읽은 범위에서 마음 밭에 새기고 실천해야 할 것들을 묵상해 보세요. 특히 아브라함 언약에서 약속한 하나님 나라의 의미를 잘 이해하세요(창 17:7-8). 하나님 나라는 하나님의 주권과 통치가 이루어지는 영역을 말합니다. 내 삶속에 하나님 나라가 이루어지고 있는지를 반성해 보세요.

• 말씀대로 하루를 살고 난 기쁨과 좌절을 기록해 보세요.
(전리품 찾기)
하나님이 주인 되시는 나, 가정, 교회, 일터, 나라와 열방을 위해 기도합시다.

• 전리품 기록노트는 각 주차 끝에 있음.

*삶의 흔적을 기록하기*

---

# 03일

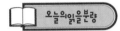

**오늘의 읽을 분량**

**창 24~36장**

⏱ **3일차 요약**　아브라함의 하나님은 이삭과 야곱에게도 찾아오셔서 동일한 언약의 내용을 반복해서 말씀 하셨습니다. 아브라함의 하나님, 이삭의 하나님, 야곱의 하나님이란 그들과 맺으신 동일한 언약의 내용을 신실하게 이루어 가시는 하나님이심을 보여주십니다.

특별히 야곱은 자기중심적인 성향이 강한 인물이지만 하나님은 그의 생애를 통해서도 여전히 그 분의 언약을 성취해 가십니다. 하나님께서는 에서의 보복을 피해 외삼촌이 사는 밧단아람(하란) 지역으로 도망가는 야곱에게 나타나셔서 내가 너와 함께 있어 네가 어디로 가든지 너를 지키며 너를 이끌어 이 땅으로 돌아오게 할 것과 하나님께서 야곱에게 허락한 것을 다 이루기까지 야곱을 떠나지 않을 것을 약속해주셨고 야곱은 하나님이 자신에게 나타나셨던 그 곳을 베델이라 부릅니다. 그 말씀대로 야곱은 20년 만에 밧단아람에서 대가족을 거느리고 다시 집으로 돌아오는 길에 간절한 기도로 하나님을 경험하게 되고(마하나임), 그의 이름이 야곱에서 이스라엘로 정체성이 바뀌게 됩니다. 그러나 야곱은 세겜에서 고향으로 돌아가는 일을 지체하고 그 문화와 동화될 위기에 있게 될 때에 자신의 딸 디나의 강간 사건을 계기로 베델로 다시 돌아가라는 하나님의 음성을 듣게 됩니다. 야곱은 세겜에 머무는 동안 혼탁해진 우상숭배적인 삶을 청산하고 20년 전 하나님을 만났었던 그 베델로 돌아와 다시 하나님 중심의 구별된 삶을 살게 됩니다.

**03-1** 아브라함은 아들 이삭의 신부를 구하는 것도 어떤 관점에서 하고 있습니까? - p 112

**03-2** 야곱의 생애가 창세기의 절반을 차지하는 이유를 찾아보십시오. - p 112

**03-3** 야곱의 생애 초기의 특징은 무엇으로 점철되어 있습니까? - p 113

**03-4** 하나님은 이런 야곱을 어떻게 다루실까요? - p 113

▶창 28:15에서 하나님이 야곱을 축복하신 핵심이 무엇인지 관찰하세요. 이 축복의 약속은 모든 성도들에게 동일하게 유효한 것입니다. 그렇다면 나의 삶은 어떠해야 합니까? - p 113

**03-5** 야곱의 생애를 통해 말씀하시는 메시지는 무엇입니까? - p 114

▶교재 114쪽의 신앙의 3가지 유형을 공부하고 나의 현재의 신앙은 어느 유형에 속하고 있으며 어떻게 그것을 개선할 것인가를 생각하고 실천해 보세요.

---

🍇 **말씀이 삶이 되는 하루·· 3일째**

• 이삭과 야곱의 삶에서 나타난 신위와 인위에 대해 배운 것이 무엇인가요?

• 오늘 읽은 범위에서 마음 밭에 새기고 실천해야 할 것들을 묵상해 보세요. 특히 야곱의 생애를 하나님의 구속의 역사와 함께 묵상하고 창 28:15의 약속을 깊이 묵상하세요. 이 축복의 약속이 야곱에게만 해당된다고 생각하나요? 이

약속의 축복은 모든 자에게 유효한 약속임을 명심하세요. 그렇다면 나의 삶은 어떠해야 하나요?

• 말씀대로 하루를 살고 난 기쁨과 좌절을 기록해 보세요. (전리품 찾기)

하나님이 주인 되시는 나, 가정, 교회, 일터, 나라와 열방을 위해 기도합시다.

• 전리품 기록노트는 각 주차 끝에 있음.

인위뚝! 신위GO!

⏰ **4일차 요약**　　창세기 12장부터 시작되는 족장시대를 통해서 하나님께서는 하나님 나라의 언약 백성들을 만들어 가십니다. 아브라함 한 사람의 족장을 부르신 이후 창세기 50장에 오니 하나님 나라 백성이 될 자손들은 야곱의 12 아들(12지파)과 며느리들과 자손들을 모두 합해 70명으로 늘어났습니다. 하나님은 그 분의 언약을 이루어가시기 위해 요셉을 먼저 애굽으로 부르셨습니다. 요셉은 형들에 의해 버림을 당하고 애굽으로 이송되지만 바로의 시위대장 보디발의 아내의 누명을 쓰고 억울하게 감옥에 가게 됩니다. 그러나 요셉은 하나님과의 바른 관계 가운데 있었고 하나님께서 함께 하심으로 옥에서 풀려나와 하나님의 지혜로 바로의 꿈을 해석하게 되어 애굽의 총리의 자리에 오릅니다. 하나님께서는 요셉을 통해 야곱과 그의 아들들의 가족 모두를 가나안 땅에서 애굽으로 이주하게 하셔서 그들을 가나안 땅의 기근에서 구원하셨고 약 400년의 세월이 흐르는 동안 야곱의 후손들이 애굽 땅에서 급속도로 번성하게 하셨습니다. 이처럼 요셉 한 사람의 신위의 삶을 통해 하나님께서는 야곱의 가족들을 구원하셨을 뿐만 아니라 아브라함에게 하신 자손에 대한 언약의 내용을 하나님의 방법대로 계속해서 이루어나가셨습니다.

📖 **오늘의읽을분량**

창 37~50장

**04-1** 요셉이 애굽에 팔려가게 된 이유는 무엇입니까? – p 115

**04-2** 하나님이 요셉을 애굽으로 팔려가게 허용하신 근본적인 이유는 무엇입니까?
(창 50:19–21 참조) – p 115

**04-3** 요셉이 신위에 순종할 수 있었던 이유는 무엇입니까? – p 115

**04-4** 요셉의 삶을 통해 주시는 메시지는 무엇입니까? – p 115

**04-5** 하나님께서 족장들을 통해 이루시기 원한 것은 무엇입니까? – p 116

✋ *말씀이 삶이 되는 하루‥ 4일째*

- 요셉의 삶을 통해서 내 삶속에 적용할 원칙들을 살펴보세요.

- 이 원칙들이 내 삶의 원칙이 되어야 한다고 믿습니까? 그렇게 하려면 어떻게 해야 하나요? 그렇다면 나의 삶은 어떻게 될까요?

- 요셉의 삶의 과정에서 하나님의 구속의 역사의 계획을 읽을 수 있는가?
  말씀대로 하루를 살고 난 기쁨과 좌절을 기록해 보세요.
  (전리품 찾기)

  하나님이 주인 되시는 나, 가정, 교회, 일터, 나라와 열방을 위해 기도합시다.

● 전리품 기록노트는 각 주차 끝에 있음.

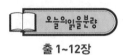
# 03 출애굽 · 광야 시대

아래 지도로 출애굽 광야 시대까지 줄거리를 말해 보세요.

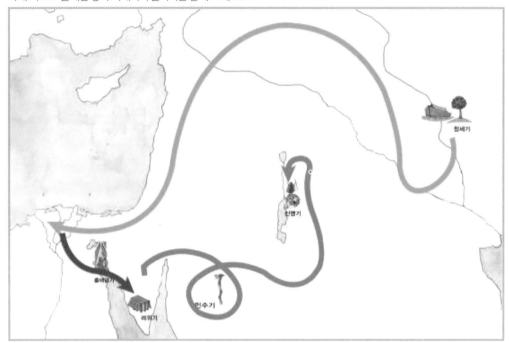

🕐 **5일차 요약**   야곱의 가족들 70명이 애굽으로 이주한지 약 400년의 세월이 흘렀습니다. 이제 그들은 약 이백만 명 가량의 민족으로 인구가 증가했지만 요셉을 알지 못하는 새로운 애굽 왕조 밑에서 무거운 노역을 담당하는 노예의 신분으로 전락해 있었습니다. 하나님께서는 이들을 애굽으로부터 구원하여 아브라함에게 약속하신 가나안 땅으로 인도하시기 위해 애굽의 왕궁에서 왕자의 신분으로 교육을 받았지만 히브리인으로서의 정체성이 분명한 모세를 선택하셨습니다. 모세는 자신의 민족을 위해 애굽 인을 살해하고 광야로 도망하게 됩니다. 모세는 40년 동안 광야에서 양을 치며 자기중심성을 내려놓는 훈련을 받았습니다. 그러던 어느 날 불이 붙었으나 타지 않는 떨기나무 불꽃 가운데 임재하신 하나님 앞에 신을 벗어 자기중심성을 철저하게 내려놓게 됩니다. 하나님께서는 모세를 애굽으로 보내셔서 바로가 모세의 요청을 거절하자 애굽인들이 신들로 섬기는 대상들에 대해 9가지 재앙을 차례로 내리셨습니다. 이 재앙을 통해 하나님은 여호와 하나님만이 참 신이심을 그 당시 가장 큰 제국이었던 애굽 땅에서 보여주셨습니다. 마지막으로 애굽의 모든 장자가 죽는 재앙을 통해 하나님은 이스라엘 백성들이 하나님의 방법으로 애굽에서 나오게 하십니다.

# 출애굽기

▶요셉 시대와 모세 시대의 애굽 왕조를 설명해 보세요. – p 118

인위뚝! 신위GO!

**05-1** 아브라함 언약과 시내산 언약은 어떤 관계인가요? - p 119


**05-2** 출애굽기의 3가지 주요 핵심은? - p 119
①
②
③


**05-3** 하나님께서 애굽 땅에서 하신 일은 무엇입니까? - p 121


**05-4** 억압받는 이스라엘을 위해 하나님이 준비하신 일은 무엇입니까? - p 122


**05-5** 모세의 인위로 일어난 살인 사건을 하나님은 어떻게 사용하십니까? - p 122


**05-6** 하나님은 왜 모세가 왕자로 있을 때 부르지 않고 도망자 신세가 되었을 때 부르셨습니까?
- p 123


**05-7** 하나님께서 모세에게 신발을 벗으라고 하신 이유는 무엇입니까? - p 123


**05-8** 자기중심성을 내려놓아야 하는 이유는 무엇입니까? - p 123


**05-9** 지팡이만 주신 하나님 앞에서 모세가 해야 할 일은 무엇입니까? - p 124


**05-10** 하나님만 의지할 때 어떤 일이 일어날까요? - p 124


**05-11** 하나님이 10가지 재앙을 내린 이후에야 이스라엘을 애굽으로부터 이끌어 내시는 이유는 무엇입니까? - p 124


**05-12** 하나님은 이스라엘 백성들이 하나님만 의지하도록 어떤 상황을 만드십니까? - p 125

`05-13` 유월절의 어린양은 누구를 예표합니까?(고전 5:7 참조) – p 126

▶피를 바른 자리를 연결하면 십자가(+)의 모양이 된다는 사실의 의미를 묵상해 보세요. – p 126

🖐 말씀이 삶이 되는 하루 ‥ 5일째

• 출애굽 여정을 통해 하나님이 행하신 일들을 눈으로 보면서도 불평하는 이스라엘 백성들처럼 내 삶 속이 이런 불평은 없나요?

• 모세가 하나님의 사람으로 세워지는 생애의 3등분을 보았습니다. 그런 삶의 과정이 모새에게만 주어졌을까요? 내 삶도 하나님의 쓰임을 받기 위해 모세처럼 훈련과 연단의 과정을 거쳐 간다고 생각하시나요?

• 모세의 삶의 과정에서 하나님의 구속의 역사의 계획을 읽을 수 있는가요?
말씀대로 하루를 살고 난 기쁨과 좌절을 기록해 보세요.
(전리품 찾기)

하나님이 주인 되시는 나, 가정, 교회, 일터, 나라와 열방을 위해 기도합시다.

• 전리품 기록노트는 각 주차 끝에 있음.

삶의 흔적을 기록하기

인위뚝! 신위GO!

**06일**

년   월   일

출 13~24장

⏱ **6일차 요약**   하나님께서는 이스라엘 백성들을 독수리의 날개로 업듯이 하나님의 방법으로 애굽의 속박으로부터 구원해 주십니다. 하나님께서는 아브라함에게 약속하셨던 언약을 이루시어 그 자손을 번성케 하셨고 이제는 약속하신 땅을 주시기 위해 애굽으로부터 이스라엘 민족을 불러 내셨습니다. 그들은 기적적인 방법으로 홍해를 건너고 광야를 행진하게 됩니다. 그런데 이 때 부터 가시적인 것에 의존하는 이스라엘 백성들은 하나님의 행하심을 신뢰하기보다 자기중심적(인위)으로 하나님을 악평하며 원망과 불평을 반복합니다. 하나님은 광야에서 하나님의 방법(신위)으로 그들의 필요를 채워주셨을 뿐 만 아니라 이스라엘 백성들의 원망과 불평을 다루고 훈련시키십니다.

출애굽한 지 3개월째 되어 시내산에 이르자 하나님께서는 이스라엘 민족과 시내산 언약을 맺습니다. 아브라함과의 언약이 발전된 시내산 언약을 통해 하나님께서는 이스라엘 백성들과 진정한 관계회복을 원하셨습니다. 이것이 구약의 핵심 구속의 사역입니다. 그리고 이 언약의 구체적인 실행을 위해 십계명을 비롯한 율법을 주십니다. 십계명은 단순히 윤리 도덕적 차원을 넘어서 하나님의 구원을 얻은 언약 백성인 이스라엘 민족이 하나님의 마음을 알고 그 분의 마음을 따라 이 세상에서 구별된 삶을 살아가게 하기 위한 삶의 원리를 담고 있습니다.

📖 **참고자료   시내산 언약은?**

시내산 언약은 아브라함 언약의 발전으로 이해해야 합니다. 시내산 언약은 이제 이스라엘 백성이 하나님의 소유가 되어 그 분의 제사장 나라가 되며 하나님의 거룩한 백성, 즉 하나님의 나라의 거룩한 백성으로 삼으신다는 선언적 약속입니다.

하나님의 형상으로 인간을 창조하고 에덴에서 하나님의 나라를 세우려는 하나님의 의도가 인간의 불순종으로 파기된 후에 하나님께서 다시 아브라함을 부르시고 아브라함의 후손을 통하여 하나님의 나라를 회복시키려 하였고, 그 지난한 작업을 지나서 이제 시내산에서 하나님은 이스라엘 백성들과 군신(君臣)의 관계를 맺고 있는 것입니다.

그렇기 때문에 시내산 언약은 성경에서 가장 중요한 부분이고, 하나님의 나라를 회복하기 위한 언약과 밀접한 관계가 있습니다. 또한 시내산 언약은 행위언약에 속하는 것으로 우리가 그 말씀을 지킬 때에 그 언약을 지키는 자에게 유효하게 됩니다. 성경의 모든 언약은 바로 관계형성과 회복에 관한 약속의 말씀임을 분명하게 알아야 합니다. 시내산 언약은 '통큰통독'의 3가지 관점과 맥을 같이 합니다. 그러므로 시내산 언약은 구약과 신약을 관통하는 통전적 읽기를 위한 중요한 포인트입니다.

**06-1** 하나님이 이스라엘을 반드시 출애굽 시켜야 하는 이유는 무엇입니까? - p 127

💡 **Insight**

홍해를 가름으로 생긴 '이쪽'과 '저쪽'을 묵상해 보세요.
홍해는 바로의 세계와 하나님의 세계의 경계선이 되었습니다. - p 127

▶출애굽의 영적 의미를 잘 이해하세요. - p 128
성도의 삶에는 내적 · 외적 출애굽이 반드시 일어나야 합니다.

**06-2** 기적을 경험하고도 금방 불평하는 이유는 무엇입니까? - p 129

**06-3** 불평하는데도 불구하고 하나님은 이스라엘을 어떻게 대하십니까? - p 129

`06-4` 이 모든 것을 통해 자기 백성을 구원해 내신 하나님의 마음은 무엇입니까? - p 130

`06-5` 시내산 언약이 의미하는 바는 무엇입니까? - p 131

`06-6` 하나님 나라를 회복시키기 위한 시내산 언약의 내용은 무엇입니까? - p 132
　　① 
　　② 
　　③ 

`06-7` 언약의 초점이 어디에 맞춰져 있습니까? - p 133

`06-8` 언약의 구체적 이행을 위해 주신 언약 조문은 무엇입니까? - p 133

`06-9` 언약 조문으로 십계명을 주신 목적은 무엇입니까? - p 136

`06-10` 십계명이 중요한 이유는 무엇입니까? - p 137

▶십계명의 구조는 어떻게 되어 있으며 왜 그런 구조로 주셨는지를
창 3:9과 창 4:9의 의미와 함께 생각해 보세요. - p 137

▶왜 계명을 지킨다는 것이 곧 행복이라고 할 수 있을까요? - p 138

`06-11` 십계명의 정신은 무엇입니까? - p 138

`06-12` 예수님이 요약하신 십계명의 정신은 무엇입니까? - p 139

• 시내산 언약의 의미를 잘 숙지하세요. 그것을 근거로 주어진 십계명의 정신은 하나님 사랑, 이웃 사랑입니다. 이것은 곧 그리스도인의 기본 품성입니다. 나는 그런 품성을 이루어 가고 있습니까?

• 출애굽 사건은 아브라함 언약의 연장선상에서 이해해야 하고, 아브라함의 자손과 땅을 통하여 하나님의 나라를 이루겠다고 하신 그 언약의 실현입니다. 애굽의 다신론적 관습에 젖어있는 상태로는 하나님의 나라를 이룰 수 가 없었습니다. 그래서 출애굽 하여 하나님의 법에 순종하는 훈련을 통해 제사장 나라를 만들어야 하기 때문에 그들을 애굽에서 분리해 내어야 했습니다. 그러하듯 내 삶에도 이런 세상과 분리되는 출애굽이 이루어 졌나요?

• 말씀대로 하루를 살고 난 기쁨과 좌절을 기록해 보세요. (전리품 찾기)

하나님이 주인 되시는 나, 가정, 교회, 일터, 나라와 열방을 위해 기도합시다.

• 전리품 기록노트는 각 주차 끝에 있음.

삶의 흔적을 기록하기

# 통통 90일 성경일독 전리품 보물 창고

## 제 1일차 ~ 6일차

통통의 핵심 정신은 '인위(자기중심성) 뚝! 신위 GO!입니다. 우리는 말씀 앞에서 자기중심성을 뚝 꺾고 신위 GO한 결과를 '전리품'이라고 합니다. 이 전리품들은 결국 우리의 삶의 변화로 나타나고, 또한 궁극적인 하나님 나라에까지 연결되는 것이기에 하늘의 보물 창고에 쌓는 연습을 위해 매주 '보물 창고'에 기록할 것입니다.

*(                    )조　*이름 : (                    )

| 읽은 성경 범위 : | 읽은 일 : 20　　년　　월　　일 |
| --- | --- |

**보물창고 샘플**

● **창세기..** 하갈을 통해 깨달음. 사라가 힘들게 함으로 광야로 나왔을 때 하나님께서 다시 사라에게로 돌아가라고 함. 우리 생각대로 힘들다고 그 상황을 피할 때 하나님은 다시 그 곳으로 돌아가서 하나님이 빚으실 때까지 인내해야 함을 깨달음.

● **출애굽기..** 이스라엘 민족이 성막 건축을 위해 자원하는 마음으로 금품을 내놓았다. 내 자신이 교회에서 봉사나 헌금을 할 때, 내 인위적인 마음으로 하다 보니 교인들과 부딪힐 때 힘들어 진다. 통독하면서 하나님이 내 마음을 자원하는 마음으로 바꾸어 주셔서 이번 주에는 행복하게 섬길 수 있었다.

● **사도행전..** 내가 금과 은을 위하여 교회를 다녔는데 무엇이 더 중요한가 하는 본질을 알게 하신 것. 비본질을 가지고 인생을 허비했던 것을 본질인 예수님을 만난 것. 계속 본질을 이야기 하게 된 것을 감사합니다.

● **야고보..** '믿음의 시련과 인내', 기쁨을 잃어버린 나의 신앙 생활 중에 지혜를 구하라는 말씀에서 믿음으로 구하고 의심하지 말라는 말씀에 하나님을 보지 않고 사람을 보면서 실패했던 것을 기도로 회복하게 되었다.

모세를 준비하시고 그를 통해 그 백성을 출애굽시켜 시내산에서 하나님 나라의 회복을 위한 언약을 맺습니다. 시내산 언약을 통해 이스라엘은 ① 소속이 바로에서 하나님에게로 바뀌고, ② 온 인류를 대신해서 하나님의 제사장 나라가 되고, ③ 하나님의 거룩한 백성이 되었습니다. 그럼으로 하나님과의 끊어진 관계를 이어시고 회복 시켰습니다. 이 관계의 유지를 위해 "십계명"을 주시고, 그 계명을 지킴으로 관계적 삶을 살게 하십니다.

레위기는 십계명의 각론입니다. 레위기의 영성은 십계명의 영성과 같습니다. 그것은 "하나님과의 관계" 그리고 "이웃과의 관계"에 대한 영성을 말합니다. 이 영성은 모든 성도들이 갖추어야 할 영성입니다. 하나님 나라가 이루어지고 완성되어 가기 위해서 관점 3에서 말하는 하나님의 백성은 "구별된 삶"을 살아 그 정체성을 유지해야 합니다. 이 구별된 삶의 지침이 십계명이고 시내산 계약의 의무조항입니다. 이것이 레위기의 핵심입니다. 그러나 이스라엘 백성들은 이 "구별된 삶"에 대한 훈련이 되어 있지 않았습니다. 그 결과가 가데스바네아의 반역사건으로 나타납니다. 이들에게는 이런 삶에 대한 훈련이 필요했습니다. 오늘의 성도들에게도 마찬가지입니다. 경건의 모양만으로는 안 됩니다. 경건의 능력을 갖기 위해서는 연단이 필요한 것입니다. 민수기는 광야에서 이스라엘 백성들을 훈련시킨 기록입니다. 경건의 능력은 연단과 훈련을 거쳐야 생기는 것입니다.

훈련을 끝내고 약속이 땅에 들어가게 되는 2세들에게 모세는 레위기와 광야 훈련을 회상하면서 그 땅에서 구별 되는 삶을 살아갈 지침을 당부하는 것이 신명기입니다. 교재에서 신명기의 6가지 기본 가르침을 잘 공부하십시오.

---

🕐 **7일차 요약**　　하나님께서는 이스라엘 백성들을 시내산으로 인도하셔서 언약을 맺으시고 그들에게 십계명과 율법을 베풀어 주셨고 이제 마지막으로 관계회복의 징표로 하나님이 백성들에게 임재하셔야 합니다. 그렇게 임재하신 하나님이 거할 처소로 성막을 지을 것을 명하셨습니다. 그러나 죄된 본성을 가진 인간은 아무리 언약백성이라 할지라도 그 율법을 다 지켜 행할 수 없고, 또한 죄성을 가진 인간은 죄의 문제의 해결이 없이 하나님을 만나면 죽게 되어 있는 존재들입니다. 그래서 하나님께서는 그들이 죄를 지었을 때 하나님과의 관계를 다시 회복시켜 주셔서 만나게 하기 위해서 성막을 만들고 그곳에서 제사를 통해서 다시 살 길을 열어주셨습니다. 그러므로 성막은 죄를 지은 인간이 하나님을 만나러 가는 길(약도)입니다. 출40장에는 모세가 여호와께서 명령하신 대로 성막을 완성했다는 말이 8번이나 나옵니다. 하나님을 만나러 가는 길은 오직 하나님의 신위의 방법대로 지어져야 했습니다. 또한 거기서 드려지는 제사는 하나님께서 명령하신 대로 드려져야했습니다. 성막이 완성되었을 때 성막에는 하나님의 임재의 상징인 구름이 회막에 가득히 덮여 하나님의 영광이 충만했습니다.

년　　월　　일

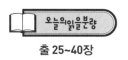

출 25~40장

**07-1** 하나님은 왜 성막을 만들라고 하십니까? - p 141

**07-2** 신위에 순종하는 첫 번째 길은 무엇입니까? - p 142

**07-3** 성막은 누구를 예표하고 있습니까? - p 143

**07-4** 하나님은 하나님 만나는 길을 알려주시기 위해서 힘을 다하시는데
　　　　 인간은 땅에서 무슨 짓을 하고 있습니까? - p 144

**07-5** 성막을 완성하면서 반복되는 문구를 찾아보십시오. 여기에서 우리에게 주시는 메시지는 무엇입니까? (출 38~40장) - p 144

**저자노트**

출애굽기 32장의 금송아지 예배는 인위로 드리는 예배의 극치입니다. 신위로, 즉 하나님의 방법대로 성막을 짓게 하시는 하나님의 모습을 보여 주는 가운데 이 금송아지 예배 사건은 신위, 즉 그 분의 방법을 무시하고 인위로 즉 인간의 방법대로 예배를 드리고 싶어 하는 인간의 본성을 보여 주는 것입니다.

오늘 우리의 예배에는 그런 모습이 과연 없나요? 우리의 예배는 성막이 보여 주는 신위의 예배인가요? 우리는 지성소 예배를 드린다고 하면서 내 방법대로 그 지성소에 마구 들어가는 치명적인 실수를 저지르고도 참 예배를 드린다고 생각하고 있지는 않나요? 그것이 곧 금송아지 숭배자들의 모습이었습니다. 지성소를 하나님이 정해 주신 방법이 아닌 인위의 방법으로 들어가면 즉사합니다. 예배가 내가 은혜 받는데 초점이 맞추어져 있으면 그것은 인위의 예배이며, 기도가 내 뜻을 하나님께 관철 시키는 것이라면 하나님은 나의 몸종에 불과한 존재로 전락 시키는 죄악입니다. 딤후 4:3-4을 함께 묵상하고 우리의 예배를 깊게 반성해 보세요. 과연 성경적 예배를 드리고 있나요?

**말씀이 삶이 되는 하루··· 7 일째**

• 성막의 의미를 잘 이해해야 합니다. 성막은 하나님의 처소이며 하나님을 만나는 길을 보여 줍니다. 하나님을 만나는 방법도 하나님이 가르쳐 주시는 방법대로 만나야 한다는 사실을 절대로 잊어버리면 안 됩니다. 오늘 하루도 하나님을 하나님의 방법대로 만나야 한다는 사실을 명심하세요.

• 그런데 이스라엘 백성은 하나님을 자기가 원하는 대로 만나기를 원했습니다. 그것이 금송아지 사건입니다. 나도 그

런 식으로 하나님을 만나기를 원하고 있지는 않나요? "나를 만든 하나님"을 만나야지, "내가 만든" 하나님을 만나면 안 됩니다.

• "나를 만든 하나님"과 동행하며 하루를 살고 난 기쁨과 좌절을 기록해 보세요. (전리품 찾기)
하나님이 주인 되시는 나, 가정, 교회, 일터, 나라와 열방을 위해 기도합시다.

• 전리품 기록노트는 각 주차 끝에 있음.

삶의 흔적을 기록하기

인위뚝! 신위GO!

오늘의읽을분량

레 1~10장

레위기를 통해 이스라엘 백성들은 하나님의 백성으로서 거룩하게 구별되어 살아 갈 십계명과 법률들에 대해 모세로부터 구체적인 가르침을 받았습니다. 오늘 읽을 분량의 내용은 하나님과의 관계를 다루는 것으로, 제사법에 의해 제사를 드리는 사람이 자신이 준비해 온 제물의 머리에 직접 안수를 하여 자신의 죄를 제물에 전가하고, 제물을 죽이고, 가죽을 벗기고, 각을 뜨고, 머리와 기름을 떼어내고, 내장과 정강이를 물로 씻어냅니다. 그리고 나면 제사장은 그 짐승의 피를 제사자를 대신하여 제단에 뿌립니다. 그 다음 계속해서 그것들을 제단 위에 올려 태우는 일을 합니다. 레위기의 5대 제사는 이스라엘 백성들의 죄를 하나님께서 정해주신 제사의 방법으로만 용서받을 수 있도록 규정하여 하나님의 백성들이 다른 민족과 구별된 삶을 계속적으로 살아가게 해주신 장치입니다. 이러한 성막의 일을 책임 맡은 제사장과 그의 아들들은 하나님의 방법대로 맡은 직임을 수행해야 했고(신위), 제사장 아론이 첫 제사를 드리자 여호와 앞에서 불이 나와 번제물과 기름을 사르는 놀라운 광경을 보았습니다. 그러나 아론의 아들 나답과 아비후는 제사장의 사명을 가볍게 여겨 하나님께서 정해주신 불이 아닌 다른 불로 분향하다가(인위) 불이 여호와 앞에서 나와 죽임을 당했습니다.
레위기의 성막과 제사와 절기에 대한 모든 규례를 통해 하나님께서는 장차 오셔서 우리의 대제사장이시며 동시에 제물이 되실 예수 그리스도의 십자가 사역의 의미의 기초를 마련하셨습니다.

# 레위기

**08-1** 레위기에 나오는 3가지 법 중 도덕법은 무엇입니까? – p 147

**08-2** 레위기는 십계명의 각론입니다. 십계명은 구약의 2가지 영성의 근간을 제공합니다. 무엇 무엇인가요? – p 148

**08-3** 왜 죄 문제를 반드시 해결해야만 합니까? – p 149

**08-4** 제사를 드리는 자와 제사장의 역할은 무엇입니까? – p 149

**08-5** 레위기의 제사제도는 결국 누구를 예표합니까? – p 149

**08-6** 5대 제사와 그 정신은 각각 무엇입니까? – p 149

**08-7** 레위 지파의 임무는 무엇입니까? – p 151

**08-8** 나답과 아비후 사건이 일어난 원인은 무엇이며, 이 사건을 통해 주시고자 하는 메시지는 무엇입니까? – p 152

## 🖐 말씀이 삶이 되는 하루 ·· 8 일째

• 제물 다듬기의 의미는 하나님의 백성이 어떻게 거룩한 삶, 즉 구별된 삶을 살아갈 수 있는가를 보여줍니다. 그것은 곧 자신(자기중심성)을 내려놓는다는 말입니다. 바울이 한 말 "나는 날마다 죽노라"(고전 15:31하)와 같습니다. 그것이 우리가 드려야 하는 산제사입니다(롬 12:1-2).

• 진정한 "거룩"한 삶은 자신을 내려놓는 삶입니다. 오늘 하루 어떻게 자신을 내려놓는 삶을 살아가렵니까?

• 나를 죽이며 하루를 살고 난 기쁨과 좌절을 기록해 보세요. (전리품 찾기)
하나님이 주인 되시는 나, 가정, 교회, 일터, 나라와 열방을 위해 기도합시다.

• 전리품 기록노트는 각 주차 끝에 있음.

삶의 흔적을 기록하기

인위뚝! 신위GO!

⏱ 9일차 요약   이 부분은 이웃과의 관계에 관한 것을 다루고 있습니다. 이스라엘 백성들이 시내산에서 모세를 통해 교육을 받은 내용들 가운데 민법과 형법은 그 당시 상황에서는 유효했으나 지금은 시대가 바뀌면서 시행하는 방법이 달라졌습니다. 그러나 도덕법에 해당하는 십계명의 내용은 예수께서 다시 오실 때까지 지켜 행해야 합니다. 특히 이스라엘 백성들이 앞으로 들어가서 살게 될 가나안 땅은 성적문란이 극심하였음으로 하나님께서는 그들의 풍속을 따르지 말 것을 엄히 경고하셨습니다. 또한 유월절을 시작으로 1년에 7절기를 정하시고 그 절기들을 지킴으로 그들을 구원하고 생명을 주시기 위해 여호와 하나님께서 어떤 일들을 행하셨는지를 기억하며 기념하도록 하셨습니다.

특히 7월 10일은 대속제일로 정하여 대제사장이 지성소에 들어가 준비된 제물의 피를 뿌림으로 이스라엘 백성의 1년 동안의 모든 죄를 사하는 특별한 날로 삼으셨습니다. 또한 그 날에 한 염소(아사셀 염소)를 지정하여 안수하여 먼 광야로 보내 동이 서에서 먼 것처럼 이스라엘 백성들의 모든 죄를 용서하셨습니다. 특별히 안식일뿐 만 아니라 안식년과 희년을 정하셔서 가난한 백성들이 가난을 계속적으로 대물림하는 악순환으로부터 보호를 받도록 하셨습니다.

하나님은 이스라엘 백성들이 앞으로 들어가게 될 땅에서 가나안 문화로 대표되는 이방문화를 따르지 말고 하나님의 말씀을 지켜 행함으로 이방문화 가운데 오히려 여호와 신앙으로 그 땅을 하나님 나라로 정복해가기를 원하셨습니다.

결론적으로 하나님께서는 레위기 26장을 통해 이 모든 율법을 지켜 행했을 때의 축복과 이 모든 규례들을 무시하고 우상숭배를 행할 때 그들이 겪어야만 하는 형벌과 저주들을 말씀하셨고 오고 오는 후손들을 위해 기록하게 하셨습니다.

**09-1** 정결법을 주신 이유는 무엇입니까? - p 153

**09-2** 구별된 삶을 산다는 의미는 무엇인가요? - p 154

**09-3** 동이 서에서 먼 것 같이 우리 죄를 용서하신다는 의미는 무엇입니까? - p 154
      (시 103:12, 히 10:17 참조)

**09-4** 절기를 지키라고 하시는 이유는 무엇입니까? - p 155

**09-5** 절기는 각각 무엇을 의미합니까? - p 155

**09-6** 희년을 통해 주시고자 하는 메시지는 무엇입니까? - p 155

**09-7** 하나님은 왜 레위기의 법도를 지켜 행할 것을 강조하십니까?(레 26:13-14 참조) - p 156

### 말씀이 삶이 되는 하루·· 9일째

• 하나님이 절기를 주시고 지키라고 하신 이유는 하나님의 행하심을 기억하여 구별된 삶을 살게 하기 위함입니다. 삶에서 하나님의 행하심을 기억하고 구별된 삶을 살아가도록 기도하십시오.

• 구별된 삶은 세계관을 성경을 근거로 하는 삶을 말합니다. 오늘 하루의 삶의 가치를 성경에서 찾으며, 하나님 중심의 삶을 통하여 이웃과의 관계를 어떻게 하면 새롭게

하며 살아 갈 수 있을까요?

• 이웃과의 바른 관계를 세우며 하루를 살고 난 기쁨과 좌절을 기록해 보세요. (전리품 찾기)
하나님이 주인 되시는 나, 가정, 교회, 일터, 나라와 열방을 위해 기도합시다.

• 전리품 기록노트는 각 주차 끝에 있음.

삶의 흔적을 기록하기

**⏱ 10일차 요약**    이스라엘 백성들이 성막을 만들어 하나님께 봉헌한 후 하나님께서는 20세 이상으로 싸움에 나갈만한 남자들의 수를 지파 별로 계수하여 성막을 중심으로 사방에 3지파씩 진영을 짜도록 명령하십니다. 그러나 레위지파는 성막 봉사의 일을 전담하기 위해 12지파를 계수하는데 포함되지 않습니다. 애굽에서 유월절에 살아남은 이스라엘의 모든 장자가 다 하나님의 것인데 그 장자들을 대신하여 하나님은 레위 지파를 자신의 소유로 삼아 그들을 성막 안에서의 사역에 전념하도록 구별하셨습니다.

드디어 민수기 10:11에 이르러 이스라엘 백성들은 약 50여 일 동안 머물렀던 시내산을 떠나 민족 대 이동을 시작합니다. 하나님께서는 구름기둥과 불기둥으로 그들을 보호하십니다. 그러나 그들 중에 섞여있는 중다한 잡족들의 선동으로 인해 그들은 하나님과 모세를 향해 끊임없이 원망 불평하며 필요 이상의 탐욕을 부립니다. 드디어 가데스바네아에 왔을 때 각 지파의 대표 12명을 뽑아 그들이 들어갈 가나안 땅으로 정탐꾼들을 보냅니다. 그런데 그들 중 10명은 가나안 거주민의 장대한 체격과 앞선 문화에 압도당하여 가나안 땅을 주시겠다는 하나님의 언약을 믿지 못하여 12지파 앞에서 혹독한 부정적인 보고를 합니다. 이 사건은 창세기 12장에서 아브라함 한 사람을 부르신 이후 하나님께서 말씀하신 언약의 성취를 위해 그들을 이 지점까지 수백 년에 걸쳐 인도해 오신 하나님의 크신 뜻에 정면충돌하는 반역적인 사건입니다. 결국 이 사건으로 애굽에서 나온 이스라엘 1세대는 가나안 땅에 들어가야 하는 사명을 감당하지 못하고 38년을 광야에서 육신의 소욕을 따라 의미 없이 살다가 죽게 되는 부끄러운 역사를 만들게 됩니다. 하나님께서 주시기로 약속한 땅이 보장되어 있었지만 그들은 하나님의 언약에 대한 불신앙으로 그 땅을 정복할 기회를 놓치고 맙니다.

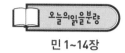

**오늘의 읽을분량**

**민 1~14장**

# 민수기

**10-1**  진 중앙에 성막을 두신 이유는 무엇일까요? - p 158

**10-2**  성막은 무엇을 상징합니까? - p 159

**10-3**  규례를 가르쳐 주시는 목적은 무엇입니까? - p 159

**10-4**  하나님은 약속의 땅을 향해 출발한 자기 백성을 어떻게 인도하십니까? - p 160

**10-5**  분명히 철저하게 신위로 인도함 받고 있으면서도 백성들은 어떻게 반응하고 있으며, 그렇게 반응하는 이유는 무엇입니까? - p 160

**10-6**  가나안 정탐 후 나타난 두 부류의 반응과 그 이유는 무엇입니까? - p 161

**10-7**  백성들이 광야에서 배워야 하는 것은 무엇이었습니까? - p 162

인위뚝! 신위GO!

💧 말씀이 삶이 되는 하루 ‥ 10일째

• 우리를 돌보시는 여호와, 일을 친히 행하시는 여호와(렘 33:2-3)을 묵상하고, 지금도 내 삶에서 불기둥, 구름 기둥으로 나를 인도하시는 그 하나님께 나의 인위를 내려놓을 수 있나요? 삶의 어떤 경우에 그렇게 인도하신 하나님을 체험하고 있습니까?

• 가데스바네아 사건은 그들의 삶의 원리가 세속적 '다수결의 원리'가 지배하고 있음을 보여 줍니다. 반면 갈렙과 여호수아는 하나님의 원리에 의해 판단하고 결정하는 모습을 봅니다. 나는 어느 쪽입니까?

• 하나님의 원리에 의해 하루를 살고 난 기쁨과 좌절을 기록해 보세요. (전리품 찾기)
하나님이 주인 되시는 나, 가정, 교회, 일터, 나라와 열방을 위해 기도합시다.

• 전리품 기록노트는 각 주차 끝에 있음.

삶의 흔적을 기록하기

⏱ **11일차 요약**　이스라엘 백성들은 광야 38년을 유랑하는 동안 불평과 원망을 반복합니다. 특히 고라를 중심으로 250 명은 당을 지어 아론의 제사장 직분에 대해 도전합니다. 하나님께서는 땅이 갈라져 그들을 삼키는 무서 운 심판으로 그들을 다루십니다. 아론을 포함한 1세대가 거의 모두가 광야에서 죽고 이제 그들의 자녀 세대들이 요단 동편의 험 한 길로 인해 마음이 상하여 부모 세대처럼 모세를 향해 원망 하다가 불뱀에 물려 죽임을 당합니다. 이에 대해 하나님께서는 놋 뱀을 장대 위에 달아 쳐다보게 하심으로 그들을 구원하십니다.

요단동편 땅에서 이스라엘 백성들은 그들에게 길을 내어주지 않고 오히려 그들을 치러 나온 아모리 왕과 바산 왕을 물리쳐 얼마 간의 땅을 얻게 됩니다. 또 한편 모압왕 발락은 이스라엘 백성들의 엄청난 숫자와 그들의 하나님께서 그들을 위해 행하신 위대 한 일들에 대한 소문을 듣고 두려움에 압도되어 그 당시 유명했던 이방인 술사 발람을 청합니다. 탐욕에 연단된 마음을 가진 발 람은 모압 왕 발락이 제시한 불의의 삯을 더 사랑하여 결국 모압 왕 발락에게로 가지만 하나님께서는 불의한 발람의 입을 통해 서도 이스라엘 백성들을 축복하시는 분이심을 드러내십니다. 그러나 이스라엘 백성이 모압 땅에 머물러 있는 동안 모압 여인들 을 통해 이스라엘 남자들이 음행하고 바알브올에게 가담하는 일로 인해 염병으로 무서운 심판을 받게 됩니다.

그 후 광야의 종착점에서 하나님께서는 광야 2세대의 20세 이상 된 남자의 수를 다시 계수하게 하십니다. 계수된 601,730 명 중에 시내산에서 계수되었던 광야 1세대는 하나님의 말씀대로 여호수아와 갈렙 외에는 한 사람도 남지 않았습니다.

**11-1** 모세라 할지라도 하나님의 심판 기준은 어떻게 적용됩니까? - p 163

**11-2** 놋뱀 사건에서 말하는 메시지는 무엇입니까? - p 164

**11-3** 발람의 사건에서 말하려는 메시지는 무엇입니까?(잠 16:9 참조) - p 164
　　　발람의 사건을 통해서 하나님이 영계의 주권자이심을 보여 줍니다.

---

👊 *말씀이 삶이 되는 하루‥11일째*

• 놋뱀 사건의 교훈을 묵상하세요. 하나님은 하나님의 방법 으로 행하신다는 사실을 명심하세요. 나는 그 분의 방법대 로 순종하고 있는지 점검해 보세요.

• 믿음은 그 분의 방법을 따르는 것입니다. 나도 그런가요?

• 하나님의 방법대로 하루를 살고 난 기쁨과 좌절을 기록해 보세요. (전리품 찾기)
　하나님이 주인 되시는 나, 가정, 교회, 일터, 나라와 열방을 위해 기도합시다.

　　　　　　• 전리품 기록노트는 각 주차 끝에 있음.

*삶의 흔적을 기록하기*

# 12일

## 년 월 일

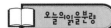

**오늘의 읽을분량**

민 28~36장
신 1~3장

⏱ **12일차 요약**   모압 왕 발락이 이스라엘을 저주하는 예언을 하라고 청한 이방 술사 발람은 결국 하나님의 강권적인 개입으로 이스라엘을 축복합니다. 그 후 발람은 교묘하게 다른 꾀를 내어 이스라엘 자손들이 모압의 바알브올 우상에게 가담하고 간음하는 큰 범죄를 저지르게 했습니다. 이로 인해 이스라엘 백성 가운데 전염병이 내려져 24,000명이 죽게 됩니다. 이렇게 하나님께서는 요단 동편에서 바알브올 우상숭배 사건을 통해 앞으로 이스라엘 백성들이 들어가게 될 가나안 땅의 종교가 얼마나 음란한 지 그리고 그러한 우상숭배에 빠졌을 때 얼마나 비참한 대가를 치러야하는지를 요단 동편 땅에서 미리 경험하게 하셨습니다.

민수기 전체의 광야 40년을 통해 하나님께서는 이스라엘 민족이 하나님의 거룩한 언약 백성으로서 하나님의 말씀을 지켜 행함으로 세상 문화와 거룩히 구별되는 삶을 살아야 함을 훈련하셨습니다. 그러나 정작 모세는 백성들 앞에서 하나님의 거룩하심을 온전히 드러내지 못해 가나안 땅에 들어가지 못했습니다. 그 대신 요단동편 모압평지에서 광야 2세대에게 출애굽으로 시작하여 지금까지 있었던 하나님의 구원역사를 회고하며 하나님의 법도를 반복하여 교육했습니다.

모세는 신명기를 통해 광야 2세대가 요단을 건너 가나안 땅에 들어가 음란한 가나안 문화에 섞이지 않고 오직 말씀을 지켜 행하는 삶을 통해 제사장 나라 백성의 삶을 살아가도록 정체성 교육을 반복합니다.

---

**12-1** 도피성 제도의 목적은 무엇입니까? – p 165

하나님 나라는 무고한 생명을 죽이지 않습니다.

# 신명기

**12-2** 모압 평지에서 새로운 세대에게 가르치고자 하는 것은 무엇입니까? – p 167

신명기의 6가지 가르침 - p 167
1) 기본적 사실 –  여호와는 한 분이시다
2) 기본적 진리 –  하나님의 신실하심
3) 기본적 요구 –  지켜 행하라
4) 기본적 서약
5) 기본적 차이
6) 기본적 선택

**12-3** "지켜 행하라"고 명하시는 이유는 무엇입니까? – p 169

---

✋ *말씀이 삶이 되는 하루·· 12 일째*

• 신명기는 레위기처럼 하나님의 백성이 살아가야 할 원리를 가르쳐 주는 책입니다. 그 원리를 잘 습득했나요? 그렇다면 매일 일상의 삶으로 실천하십시오.

• 믿음은 그 분의 방법을 따르는 것입니다. 일상에서 그런 삶을 살고 있는가요?

• 하나님의 방법대로 하루를 살고 난 기쁨과 좌절을 기록해 보세요. (전리품 찾기)
하나님이 주인 되시는 나, 가정, 교회, 일터, 나라와 열방을 위해 기도합시다.

• 전리품 기록노트는 각 주차 끝에 있음.

*인위뚝! 신위GO!*

# 통통 90일 성경일독 전리품 보물 창고

통통의 핵심 정신은 '인위(자기중심성)' 뚝! 신위 GO!입니다. 우리는 말씀 앞에서 자기중심성을 뚝 꺾고 신위 GO한 결과를 '전리품'이라고 합니다. 이 전리품들은 결국 우리의 삶의 변화로 나타나고, 또한 궁극적인 하나님 나라에까지 연결되는 것이기에 하늘의 보물 창고에 쌓는 연습을 위해 매주 '보물 창고'에 기록할 것입니다.

*(                )조    *이름 : (                )

읽은 성경 범위 :                                    읽은 일 : 20        년        월        일

**보물창고 샘플**

● **1주: 창세기(1~11장 원역사 부분)..** 선악과에 대한 내용을 하나님의 관점으로 정리하게 되었다. 사람의 언약파기에 대한 부분을 염려하셔서 선악과를 두어 하나님을 기억하고 의지하게 하였으나, 사람은 결국 실패했고, 죄를 알게 된 것이다(하나님의 마음, 관점으로 성경 읽기).

● **2주: 레위기 9:7..** 희생 제사에 소, 염소, 양 등을 드리는 것은 고대 이스라엘 백성으로서는 매우 값비싼 비용을 치르는 것이다. 동물 희생 제사는 신앙 생활이 본질적으로 '희생'임을 보여 주는데, 이 글을 보면서 나의 예배의 모습을 돌아보게 되었다. 무의미한 성경읽기, 안일한 신앙의 모습, 뜨겁지 않은 나의 모습에 희생이 없음을 회개하는 시간이다.

가데스바네아에서 반역을 일으킨 1세대는 광야에서 모두 죽습니다. 이제 2세들이 가나안 땅에 들어가게 되었고 이들은 레위기로 법을 훈련할 때 없었던 자들이 대부분이기 때문에 모세는 이들에게 다시 율법을 교육합니다. 그것이 신명기입니다.

가나안 땅의 입성은 두 가지의 의미가 있습니다. 첫 째는 아브라함의 언약을 통해서 주어진 땅의 약속의 성취입니다. 하나님은 에 덴에서 잃어버린 하나님 나라를 회복하시는 구속의 역사를 이루어 가시고 있다는 줄거리를 생각해야 합니다. 나라를 세움에는 백 성, 영토, 주권이 있어야 합니다. 그런데 하나님 나라의 주권은 언제나 하나님께 있습니다(신위). 자손은 이제 이루어졌고, 이제 그 약속한 땅으로 들어가는 것입니다. 둘째는 그 땅 백성인 아모리 족속의 죄악이 넘치게 되었음으로 하나님의 심판이 임하게 되었습 니다(창 15:16). 이 두 가지 목적을 달성하기 위해서 하나님은 모세를 통해서 그 땅을 진멸하라고 명령하십니다. 이 진멸은 문자적 으로 물리적 의미로 풀기 보다는 문화적 진멸이라는 뜻으로 풀어야 할 것입니다. 왜냐하면 영적 전쟁의 세상에서 언제나 하나님 문 화가 우위를 차지해야 하기 때문입니다.

이스라엘 백성은 그 땅을 점령하고 분배를 했지만 문화적 정복은 실패합니다. 그래서 사사시대에 고통을 당하는 모습을 보게 됩 니다. 여호수아서는 하나님의 명령에 순종한(신위)으로 승리함을 보여 주지만 사사기는 "왕이 없어 자기 소견대로"(인위, 자기중심 성)하다가 실패하고 고통당하는 모습을 그리고 있습니다. 결코 인위가 우리를 행복하게 할 수 없다는 사실은 확연하게 말하고 있 습니다. 룻기는 신위에 따름으로 행복한 삶을 살아가게 된다는 사실을 사사기와는 대조적인 것을 보여 주는 책입니다. 결국 이스라 엘은 인간 왕을 요구하기에 이릅니다.

🕐 **13일차 요약**    모세는 요단 동편에서 광야 2세대에게 하나님이 누구신지, 그리고 그 분께서 이스라엘 역사 가운데 어 떤 일들을 행하셨는지를 설교합니다. 무엇보다도 이스라엘 민족은 하나님께서 애굽 땅 종 되었던 곳에 서 친히 구원하신 하나님의 백성임을 잊지 말 것을 당부합니다. 또한 시내산에서 하나님으로부터 십계명을 받은 것은 하나님 과 그들과의 복된 관계를 유지하기 위함임을 강조합니다. 그러므로 십계명을 비롯한 여러 법도들을 오고 오는 다음 세대들에 게 계속 가르쳐 지키게 하도록 당부합니다.

그리고 이제 곧 가나안 땅에 들어가면 이내 그들과 대면하게 될 가나안 땅에 거주하는  일곱 족속들의 가증한 행위들을 통한 우상 숭배를 하지 말고 그들을 진멸하라고 명하십니다. 하나님께서 가나안 땅을 주시는 목적은 아브라함과 맺은 언약 때문이 고 또 한편으로는 그 땅에 살고 있는 아모리 족속들의 죄의 수위가 하나님의 심판을 자초했기 때문이지 결코 이스라엘 백성들 의 행위가 의롭기 때문이 아님을 말씀하십니다. 하나님께서는 이스라엘 백성들이 십계명 안에 있는 하나님의 마음을 회복하 여 제사장 나라 백성으로서의 구별된 삶과 영적전쟁을 통해 가나안의 세속 문화를 하나님의 나라로 정복할 것을 모세를 통해 엄히 명령하십니다.

**13**일

년    월    일

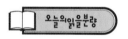

**오늘의읽을분량**

신 4~18장

**13-1** 하나님은 광야 38년을 무엇을 훈련하는 기간으로 사용하십니까? – p 172

**13-2** 인위를 내려 놓기 위해서는 어떻게 해야 한다고 합니까?  – p 172

▶신 8장에서 어떤 환경이 되면 하나님을 잊어버리게 될 수 있다고 했나요? 그런 환경에서도 하나님을 잊지 않고 살려면 어떻게 해야 하나요?  – p 172

**13-3** 여호와를 기억하고 그것이 삶이 되기 위해서는 무엇이 중심에 있어야 합니까? (신 12:5 참조) – p 173

인위뚝! 신위GO!

**13-4** 언약 백성으로서 십일조의 사용 정신은 어떠해야 합니까? – p 174

**13-5** 왕을 세울 때 무엇으로 세워야 합니까? – p 174

---

🌷 *말씀이 삶이 되는 하루 ‥ 13 일째*

- 하나님의 백성이 살아가야 할 으뜸되는 원리는 가나안 풍습과 섞이지 않는 것이라고 가르칩니다. 그 원리는 우리에게도 동일하게 적용됩니다. 그렇다면 매일 일상의 삶에서 세속과 섞이지 마세요.

- 신명기 8:11-20을 깊이 묵상하세요. 일상에서 그런 삶을 살고 있는가요?

- 하나님의 방법대로 하루를 살고 난 기쁨과 좌절을 기록해 보세요. (전리품 찾기)
  하나님이 주인 되시는 나, 가정, 교회, 일터, 나라와 열방을 위해 기도합시다.

- 전리품 기록노트는 각 주차 끝에 있음.

*삶의 흔적을 기록하기*

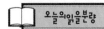

**오늘의읽을분량**

신 19~34장
시 90편

🕐 **14일차 요약**   모세는 신명기에서 이스라엘 백성들에게 시내산 언약을 기억하고 십계명을 지켜 행할 것을 명령 합니다. 신명기 28장을 통해 축복과 저주의 내용을 상세히 열거하며 하나님의 백성들에게 다시 한 번 분명한 선택을 요구합니다. 약속된 가나안에 들어가기 직전에 시내산이 아닌 모압 땅에서 광야 2세대와 또 한 번의 언약을 맺습니다. 하나님께서는 '내가 생명과 복과 사망과 저주를 네 앞에 두니 너와 네 자손이 살기 위해 무엇보다 생명의 길을 선택하라'고 요구하십니다. 그리고 그 모든 율법의 말씀을 기록하게 하여 레위인에게 맡깁니다. 그러나 한편 하나님께서는 이스라엘 백성들이 가나안에 들어가면 얼마 못 가서 속히 하나님과의 언약을 깨뜨려 버리고 이내 그 명령을 떠나 결국 우상숭배에 빠질 것을 모세를 통해 예언하셨습니다. 그리고 그들에게 앞으로 되어 질 일들을 미리 예언적 노래로 기록하게 하여 이스라엘 백성들에게 증거가 되게 하셨습니다. 이 노래를 통해 하나님께서는 이스라엘 백성이 하나님의 말씀을 지켜 행하는 일에 실패하여 대적의 손에 붙여져 먼 땅으로 흩어지고 엄청난 징계를 당할 것을 알려 주셨습니다.

그러나 하나님께서는 결국 그들이 그 죄로 인한 징벌을 받은 후에 그 백성들을 그 흩어진 곳에서 다시 돌아오게 하셔서 그들의 하나님이 유일한 신이시며 그 외에는 말씀대로 행하시는 신실하신  다른 신이 없음을 깨닫게 하실 것입니다.

모세는 결국 가나안 땅에 들어가지 못하고 느보산에서 죽습니다.

**14-1** 신명기 19장 21절의 참 의미는 무엇입니까? – p 175

**14-2** 신명기 28장에서 축복과 저주의 기준은 무엇이라고 강조합니까? – p 175

**14-3** 인생 최고의 가치를 무엇이라고 강조합니까? – p 175
" Solo Dios Basta."(하나님 한 분 만으로 만족합니다.)

🌷 **말씀이 삶이 되는 하루 · · 14 일째**

• 신명기 28장을 묵상하세요. 축복과 저주는 지켜 행함에 달려 있다고 모세는 강조합니다. 무엇을 지켜 행해야 하고 왜 그것이 절대적으로 중요한지를 깊이 묵상하고 이해하세요.

• 오늘 하루 동안 나는 무엇을 지켜냈고, 또 무엇을 못 지켰나요?

삶의 흔적을 기록하기

• 하나님의 명령을 지키며 하루를 산 기쁨은 어떤 것이었습니까? (전리품 찾기)
하나님이 주인 되시는 나, 가정, 교회, 일터, 나라와 열방을 위해 기도합시다.

• 전리품 기록노트는 각 주차 끝에 있음.

인위똑! 신위GO!

# 04 가나안 정복 시대

아래 지도로 가나안정복시대까지 줄거리를 말해 보세요.

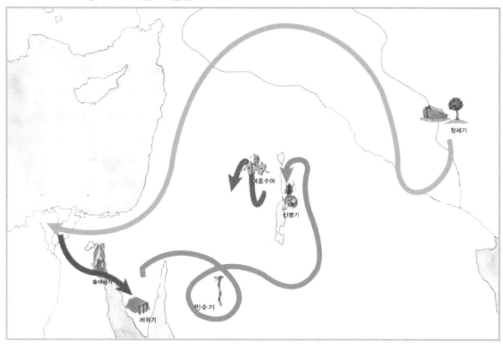

오늘의 읽을분량
수 1~12장

🕐 **15일차 요약**   요단 동편에서 모세를 위한 30일의 애도기간이 끝나자 하나님께서는 여호수아에게 요단을 건너 약속하신 땅으로 가라고 명하십니다. 드디어 이스라엘 백성은 요단을 건너 애굽의 수치를 완전히 떨쳐버리고 길갈에 진을 칩니다. 하나님께서는 그들이 첫 번째로 점령해야할 여리고성 근처에서 여호와의 군대장관을 만나게 하셔서 이 정복전쟁은 이스라엘의 하나님께서 친히 함께하시는 전쟁임을 보여 주시며 여호수아를 격려하십니다.

땅의 정복은 먼저 중앙지역인 여리고와 아이성 정복으로 시작됩니다. 이 소식을 듣고 두려움에 휩싸인 기브온 족속들은 여호수아를 속이고 이스라엘과 화친조약을 맺습니다. 그러자 아모리족속 다섯 왕은 연합군을 형성하여 자신들을 배반한 기브온 족속을 물리치기 위해 이스라엘을 공격합니다. 이 상황에서 여호수아는 이스라엘과 화친을 맺은 기브온을 구하기 위해 전쟁을 벌여 그 연합군을 대파하고 남방지역을 한꺼번에 점령합니다.

남방지역이 점령되었다는 소식을 듣고 이번에는 북쪽의 하솔 왕 야빈을 중심으로 연합군이 형성되고 이스라엘은 북쪽 연합군과 메롬 물가에서 전투를 벌여 승리하여 북쪽지역 큰 덩어리를 정복하게 됩니다. 이렇게 하여 하나님께서 아브라함에게 주시기로 약속하셨던 땅에 대한 언약이 이루어집니다.

하나님께서는 그 땅을 점령함과 동시에 이스라엘 백성들은 하나님의 말씀을 지켜 행함으로 구별되어 그 땅의 부패한 종교 문화와 섞이면 안 될 것을 강조합니다. 결국 이스라엘 백성의 가나안땅 정복은 하나님께서 온 세상의 주권자로 가나안 땅의 가증한 바알종교를 자기 백성 이스라엘을 통해 심판하심을 의미합니다.

# 여호수아

🧔 **저자노트**

수 1:5-9과 창 28:15에서 보는 하나님의 약속은 "함께 하심"이다. 이 함께 하심은 우리가 순종할 때 이루어지는 것이다. 그것을 통해서 행복을 누리게 된다. 나는 지켜 행하여 하나님이 함께 하심 가운데 살아가는 사람인가? - p179

`15-1` 가나안 정복의 2가지 의미는 무엇입니까? – p 180

`15-2` 땅을 주시는 중요한 이유는 무엇입니까? – p 180

`15-3` 가나안 정복시 진멸하라는 이유는 무엇입니까? – p 180

**📖참고자료  여호수아서의 메시지를 표현하는 핵심 단어를 이해하라.**

여호수아서는 모세가 죽고 그 후계자인 여호수아가 이스라엘 백성을 인도하여 가나안 땅을 점령하고 진멸하라는 이야기이다. 여호수아의 내용은 땅의 정복과 분배이다. 가나안 땅을 차지한 것은 이스라엘에게는 아브라함 언약의 성취이지만, 죄악이 관영한 아모리 족속에게는 죄를 심판하는 목적을 가지고 있다. 땅은 시내산 언약을 지키는 조건 하에서 하나님께서 주시는 기업이며 선물이다. 여호수아의 고별사와 세겜 언약은 이스라엘 백성이 여호와를 택하고 섬길 때만 이 선물이 유효하다는 것을 거듭 강조하고 있다.

1. 진멸하라.
2. 점령
3. 정복
4. Counter Culture (對文化)

`15-4` 진멸하기 전 지도자인 여호수아에게 요구하시는 것이 무엇입니까? – p 182

`15-5` 신발을 벗으라는 의미는 무엇입니까? – p 182

`15-6` 여리고 성 전투와 아이 성 전투의 방법은 무엇이며, 그 결과는 어떻게 나타났습니까? – p 182

`15-7` 정복 전쟁에서 승리와 패배의 관건은 무엇입니까? – p 182

`15-8` 진멸 가운데서도 라합이 구원받는 것을 통해 배울 수 있는 것은 무엇입니까? – p 183

`15-9` 기브온 사건의 메시지는 무엇입니까? – p 185

인위뚝! 신위GO!

• "진멸하라"는 명령은 여호수아서의 핵심 메시지일 뿐만 아니라, 성경 전체의 명령입니다. 즉, 제2의 문화명령입니다. 그 의미는 하나님의 문화와 세속 문화는 섞일 수 없다는 것입니다. 그리스도인은 세속적 세계관에 의한 삶을 살아 갈 수 없다는 말입니다. 오늘 나의 삶에서 이런 "진멸"이 일어나고 있는지 스스로 답해 보세요.(고후 10:4-5)

• 여호와의 군대장관이 여호수아가 신발을 벗기는 이유는 무엇인가요? 나는 오늘 누구의 신발을 신고 있는지를 돌아보라.

• 하나님의 신을 신고 하루를 살고 난 기쁨과 좌절을 기록해 보세요. (전리품 찾기)
하나님이 주인 되시는 나, 가정, 교회, 일터, 나라와 열방을 위해 기도합시다.

• 전리품 기록노트는 각 주차 끝에 있음.

삶의 흔적을 기록하기

# 16일

년    월    일

오늘의읽을분량
수 13~24장

⏱ **16일차 요약**    이스라엘 백성들은 가나안 땅 정복전쟁을 통해 땅을 차지하게 됩니다. 그 후 유다 지파와 요셉 자손인 므낫세와 에브라임 지파를 선두로 하여 성막이 있었던 실로에서 지파별로 땅을 분배 받습니다. 그러나 레위 지파는 땅 분배에서 제외되고 여섯 곳의 도피성을 포함하여 48개의 성읍과 목초지를 허락받아 12지파 가운데에 골고루 흩어져 살며 모세의 율법을 가르치는 일과 성막관리와 제사하는 일을 전담하도록 하셨습니다. 언약에 신실한 하나님께서는 아브라함에게 약속하셨던 땅을 이와 같이 이스라엘 12지파에게 분배해 주셨고 그들을 비로소 그 땅에서 안식하게 하셨습니다. 마지막으로 여호수아는 온 이스라엘을 모으고 마지막 고별설교를 통해 이스라엘 백성들이 모세의 율법책에 기록된 것을 다 지켜 행할 것을 간곡히 당부합니다. 또한 이스라엘의 모든 지파를 세겜에 모은 후 이전에 모세가 요단동편에서 백성들과 맺었던 모압 언약(곧 시내산 언약)을 새롭게 갱신합니다. 여호수아는 이스라엘 백성들이 여호와 하나님만 그들이 섬길 유일한 신으로 선택하고 애굽이나 가나안 땅의 우상들을 따르지 말 것을 당부합니다.

이렇게 하여 하나님께서 아브라함에게 하셨던 자손과 땅에 대한 언약은 여호수아 시대에 가시적으로 일단락되어 완성됩니다. 이제 이스라엘 백성들은 하나님께서 모세를 통해 명령하신 그 말씀을 지켜 행하여 하나님의 백성으로서의 정체성을 가지고 구별되어 살아가야 할 사명이 주어집니다.

**16-1** 정복한 땅을 하나님의 뜻대로 분배해야 하는 이유는 무엇입니까? - p 185

**16-2** 레위 지파에게 땅 분배가 없는 이유는 무엇입니까? - p 185

**16-3** 이스라엘 백성이 섬길 분을 선택해야 하는 이유는 무엇입니까? - p 187

▶ 인생은 선택의 연속이다. 무엇을 선택하느냐는 곧 나의 신앙의 표현이며 내 가치관의 발로이다.

**16-4** 여호수아의 유언적 권면은 무엇입니까?(수 24:15 참조) - p 188

---

🌷 *말씀이 삶이 되는 하루‥16일째*

• 우리의 일상의 삶은 선택의 연속으로 이어지고 있습니다. 무엇을 선택하느냐는 곧 나의 신앙을 삶 가운데 실천하는 것입니다.

• 하나님 가치에 근거한 선택은 매일 우리로 하여금 삶의 전환점을 만들게 합니다.
나는 오늘 무엇을 선택하렵니까?

• 내가 선택한대로 하루를 살고 난 기쁨과 좌절을 기록해 보세요. (전리품 찾기)
하나님이 주인 되시는 나, 가정, 교회, 일터, 나라와 열방을 위해 기도합시다.

• 전리품 기록노트는 각 주차 끝에 있음.

*삶의 흔적을 기록하기*

*인위뚝! 신위GO!*

# 05 사사 시대

아래 지도로 사사시대까지 줄거리를 말해 보세요.

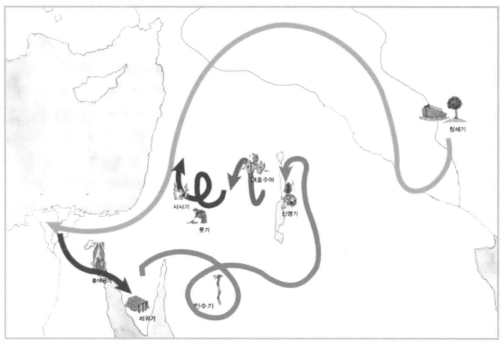

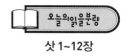

오늘의읽을분량

삿 1~12장

🕐 **17일차 요약**  여호수아가 죽고 그 땅에 안식이 찾아오자 가나안의 정복전쟁을 경험하지 못한 다음 세대들은 가나안 땅의 우상과 문화에 섞이기 시작합니다. 하나님께서는 12지파가 땅을 분배받은 이후 하나님의 말씀을 통치 원리로 삼는 제사장 나라 문화를 꽃피우며 살기를 원하셨습니다. 그러나 레위 지파와 부모세대는 자녀들에게 하나님의 말씀을 가르쳐 지키게 하는 일에 실패하였고 그 결과 이방 민족들에게 오히려 침략을 당하게 됩니다.

이 시기에 하나님께서는 이방 민족들의 압제와 고통으로부터 이스라엘을 구원할 사사들을 세우셔서 그 대적들과의 전쟁을 통해 이스라엘을 구원 하십니다. 그러나 이스라엘 백성은 오히려 이방 나라들의 왕정 정치체제를 부러워하여 이스라엘도 인간 왕이 세워지고 인간 왕의 통치를 받기를 원하여 하나님의 마음을 아프게 합니다. 기드온 사사는 미디안과의 싸움에서 이기고 백성들로부터 왕이 되어달라는 요청을 받자 이스라엘 나라는 여호와 하나님께서 다스리는 나라임을 깨닫고 왕이 되지 않습니다. 그에 반해 기드온의 서자 아비멜렉은 스스로 왕이 되고자 형제 칠십 인을 살해하는 일이 벌어지기도 했습니다.

하나님이 말씀을 통해 주신 삶의 원리를 떠나고 다음 세대에 하나님의 구속의 역사를 전수하는 일에 실패하자 이스라엘은 곧 우상 숭배에 빠지게 되고 자기 소견을 따라 타락한 삶을 살게 됩니다.

# 사사기

**17-1** 하나님께서 사사를 세우신 이유는 무엇입니까? – p 190

**17-2** "쫓아내지 못했다"는 말의 의미는 무엇인가요? 무엇을 쫓아내지 못했다는 것인가요? – p 191
왜 쫓아내어야 했나요? 힌트: 진멸하라(Counter Culture).

**17-3** 사사 시대의 외부와 내부적 상황은 어떠했습니까? - p 192

**17-4** 내부적 상황이 이렇게 된 근본적 이유는 어디에 있습니까? - p 192

**17-5** 사사기에서 되풀이 되고 있는 반역의 패턴은 무엇입니까? - p 192

**17-6** 그 당시 이스라엘 백성을 향한 하나님의 열망은 무엇이었습니까? - p 193

**17-7** 이스라엘 백성이 거역하는 일을 되풀이 한 이유는 무엇입니까? - p 193

**17-8** 하나님께서 기드온의 군대를 300명만 남게 하신 이유는 무엇입니까? - p 194

### 🖐 말씀이 삶이 되는 하루·· 17일째

• 사사기의 반복되는 이스라엘의 실패는 사람이 각기 자기 소견에 옳은 대로 행하였기(삿 21:25) 때문이었습니다. 왕이 없었다는 것은 인간 왕이 없었다는 것이 아니고 그들의 삶의 통치 원리가 하나님의 말씀의 원리가 아니었다는 말입니다. 우리의 삶의 통치원리가 말씀이 아니면 이런 혼란으로부터 자유롭지 못할 것입니다.

• 나는 세속적 원리에 영향을 받고 있는 내 소견대로 살아가는지, 아니면 성경을 통전적으로 이해하여 깨달아 그 원리대로 살아가는 지를 자신을 반성해 보세요.

• 성경의 원리대로 하루를 살고 난 기쁨과 좌절을 기록해 보세요. (전리품 찾기)
하나님이 주인 되시는 나, 가정, 교회, 일터, 나라와 열방을 위해 기도합시다.

• 전리품 기록노트는 각 주차 끝에 있음.

삶의 흔적을 기록하기

인위뚝! 신위GO!

🕐 **18일차 요약**  이스라엘의 마지막 사사 삼손은 태어날 때부터 종신 나실인으로 이스라엘을 블레셋으로부터 구원해야 하는 사명을 받습니다. 그러나 그는 나실인으로서의 규례를 지키지 못하고 정욕에 이끌려 반복적으로 어려움에 처하게 됩니다. 결국 삼손은 마지막 간절한 기도로 자신의 죽음을 통해 많은 블레셋 족속을 죽임으로 자신의 사명과 인생을 마감합니다.

사사기는 마지막의 미가의 신상 사건과 레위인의 첩 사건을 통해 그 당시 레위인들이 자신의 자리에서 제대로 사명을 감당하지 못하고 얼마나 타락했는지를 보여줍니다. 레위인의 첩 사건은 베냐민 지파와 나머지 11지파들 간의 전쟁으로 확대되어 한 지파가 완전히 사라질 위기까지 갑니다. 레위인들의 본분 망각이 부른 참극이 어떤가를 보여 줍니다.

그러나 이어지는 룻기에서는 사사시대의 한 가정의 이야기를 통해 이 처럼 총체적으로 타락한 사사 시대에서도 하나님께서 구속의 역사를 계속 이어가고 계심을 보여줍니다. 하나님께서는 모압 여인 룻이 모압 땅에서 예루살렘으로 돌아와 하나님 말씀의 원리에 순종하는 보아스를 만나 결혼을 통해 자녀를 낳게 하십니다. 이렇게 하여 하나님께서는 보아스와 룻을 통해 앞으로 이스라엘의 왕이 될 다윗가문의 족보를 준비하셔서 자신의 구속사의 계보를 이어가십니다.

📖 **오늘의 읽을분량**

삿 13~21장
룻 1~4장

**18-1** 삼손의 인위적 삶의 결말은 무엇입니까? - p 195
　　　"인위로 사는 것은 비극을 초래합니다."

**18-2** 사사 시대의 최종 평가는 무엇입니까? - p 195

**18-3** 그 시대에 왕이 없다는 의미는 무엇입니까? - p 196

**18-4** 이스라엘 백성들이 우상을 섬기는 이유는 무엇입니까? - p 197

# 룻기

**18-5** 나오미 가정은 베들레헴에 흉년이 들자 자기 소견에 옳은대로 어떻게 했습니까? - p 199

**18-6** 나오미 가정의 인위의 결말은 무엇입니까? - p 199

**18-7** 하나님은 룻의 발걸음을 어떻게 인도하셨습니까?(룻 2:3 참조) - p 200

**18-8** 기업 무를 자(고엘)의 자격 요건은 무엇이며, 고엘이 하는 일은 무엇입니까? - p 200

🍇 **말씀이 삶이 되는 하루·· 18일째**

• 룻기에서 보아스의 품성을 배웠습니다. 그의 품성은 관계를 중시하는 품성이고 하나님의 품성을 닮았습니다. PPT에서 제공한 시 "흐르게 하소서"를 읽고 관계의 중요성을 묵상해 보세요.

• 나의 품성은 어떤가요? 보아스를 닮아 볼래요? 기독교는 관계의 종교입니다. 십계명의 정신에서 본 것처럼 하나님과 관계, 이웃과의 관계를 중시한다는 사실을 명심하고 나의 관계성향은 어떤지 분석해 보세요.

• 관계의 중요성으로 하루를 살고 난 기쁨과 좌설을 기록해 보세요. (전리품 찾기)
하나님이 주인 되시는 나, 가정, 교회, 일터, 나라와 열방을 위해 기도합시다.

♦ 전리품 기록노트는 각 주차 끝에 있음.

삶의 흔적을 기록하기

# 통통 90일 성경일독 전리품 보물 창고

### 제 13일차 ~ 18일차

통통의 핵심 정신은 '인위(자기중심성)' 뚝! 신위 GO!입니다. 우리는 말씀 앞에서 자기중심성을 뚝 꺾고 신위 GO한 결과를 '전리품'이라고 합니다. 이 전리품들은 결국 우리의 삶의 변화로 나타나고, 또한 궁극적인 하나님 나라에까지 연결되는 것이기에 하늘의 보물 창고에 쌓는 연습을 위해 매주 '보물 창고'에 기록할 것입니다.

*(                    )조   *이름 : (                    )

| 읽은 성경 범위 : | 읽은 일 : 20      년      월      일 |
| --- | --- |

**보물창고 샘플**

● **3주: 룻기 2:11-16..** 보아스는 룻이 그녀의 시어머니를 섬긴 것을 칭찬하며, 그녀에게 음식을 주고 베지 않은 곡식을 거둘 수 있는 특권을 주었다. 누군가를 섬길 때, 나의 모습에 대해서 생각해 보았다. 진정한 섬김인지? 그들을 사랑함으로 섬김인지? 칭찬 받기 위한 것인지...?

**4주차에 읽을 범위의 주요 개요**

"왕이 없어 사람이 각기 소견대로 행하다가" 하나님께로 다시 돌아오지 못하고 결국 인간 왕을 요구합니다. 하나님은 백성들의 요구를 들으시고 왕을 허락함으로 이제 구약의 줄거리는 왕정시대로 접어듭니다. 처음으로 등극한 왕 사울은 신위에 순종하는 왕으로 출발했다가 인위의 교만으로 인해 하나님께 버림받고 악신에 시달리다가 삶을 마감하는 비참함을 보게 됩니다. "신위 Go!, 인위 뚝!" 이 정말 엄청난 구호이고, 중요한 외침인가를 사울과 다윗의 대조적인 삶에서 볼 수 있습니다. 다윗도 실수를 합니다. 그러나 사울이 실수를 대처하는 자세가 다윗과는 전혀 다름을 볼 수 있습니다. 사울의 회개는 체면치레적인 회개이었습니다(삼상 15:30). 반면 다윗의 회개는 대단히 철두철미했음을 볼 수 있습니다(시 31, 52편). 누구나 실수할 수 있고 실족합니다. 그러나 회개를 어떻게 하느냐가 그 삶의 방향과 질을 갈라놓는다는 사실을 명심해야 합니다. 교재 211쪽에 있는 회개에 대한 글을 잘 묵상해보시오.

🕐 **19일차 요약**  사무엘은 아이를 낳지 못하던 여인 한나가 고통 중에 하나님께 자신의 심정을 통하여 얻은 아들로 이스라엘이 사사 시대에서 왕정시대로 넘어가는 과도기에 하나님께 세우심을 입은 선지자입니다. 이 당시 엘리 제사장 가문은 하나님께 드리는 제사를 업신여기고 타락하여 블레셋과의 전투에서 몰락을 당하고 여호와의 궤를 블레셋에게 빼앗깁니다. 법궤는 블레셋의 여러 도시들을 이동하다가 결국 이스라엘로 돌아와 유다지파의 기럇여아림의 아비나답의 집에 20년 동안 안치됩니다.

사무엘은 단에서 브엘세바까지 이스라엘 열두 지파의 충성된 제사장이자 선지자로 부르심을 받아 미스바에서 온 이스라엘을 모으고 회개운동을 일으켜 이스라엘 백성이 우상을 버리고 전심으로 여호와께로 돌아올 것을 촉구합니다. 사무엘의 영향력으로 사무엘이 살아 있는 동안에 그 당시 이스라엘의 주적 블레셋이 다시는 이스라엘을 침입하지 못합니다.

그러나 이스라엘 백성들은 다른 나라들처럼 왕을 세워달라고 요구합니다. 하나님께서는 백성들의 요구대로 사무엘에게 베냐민 지파의 사울에게 기름부음을 부어 초대 왕으로 세우십니다. 그러나 사울은 하나님의 말씀에 대한 온전한 순종 없이 하나님의 말씀을 자기 식대로 해석하고 불순종하며 반역합니다. 즉 제사장 없이 제물을 드리고 아말렉을 진멸하라는 하나님의 명령을 거역하여 결국 하나님께서는 사울을 버려 왕이 되지 못하게 하시고 그의 왕위는 다윗에게로 옮겨집니다.

# 19일

년 월 일

📖 **오늘의읽을분량**

**삼상 1~16장**
**시 23편**

# 사무엘상

**19-1** 사무엘상 내용의 특징은 무엇입니까? - p 202

**19-2** 사사 시대의 마지막에 하나님께서 준비하신 것은 무엇입니까? - p 203
"하나님은 우리가 일상에서 드리는 기도를 하나님의 역사를 이루어가는 것으로 사용하십니다."

▶한나의 기도(삼상 2:1-10)를 깊이 묵상하고 그 기도의 정신과 신약에서 마리아 찬가와 어떻게 맥을 같이 하는가를 살펴 보세요. 이것이 기독교 진리의 핵심입니다.

**19-3** 하나님은 사무엘을 어떻게 준비시키셨습니까? - p 203

**19-4** 이스라엘이 블레셋과의 전투에 법궤를 가지고 나간 이유는 무엇입니까? - p 204
"신앙의 본질은 외면한 채 신앙을 미신화 하는 것은 무엇인지 생각해 보십시오."

이스라엘의 인위의 결과 (삼상 4:10-18 참조)

· 3만 명의 죽음(10절)
· 엘리의 두 아들의 죽음(11절)
· 엘리 제사장의 죽음(18절)

인위는 패망의 지름길입니다.

▶ 삼상 12:1-5의 사무엘의 은퇴사를 읽고 나의 삶을 견주어 보세요. - p 205

**19-5** 당시 이스라엘의 외적, 내적 정황은 어떠했습니까? - p 206

**19-6** 이스라엘 백성들은 당면한 이 문제를 어떻게 해결하고자 합니까? - p 206

**19-7** 백성들이 왕을 요구한 이유는 무엇입니까? - p 206
"내 삶 속에서 내 방법이 더 옳은 것 같이 여겨지는 부분은 무엇입니까?"

**19-8** 왕의 자격 요건에 부합한 왕이 되기위해 꼭 해야 할 일은 무엇입니까?(신 17:19 참조) - p 206

# 06 통일 왕국 시대

아래 지도로 통일왕국 시대까지 줄거리를 말해 보세요.

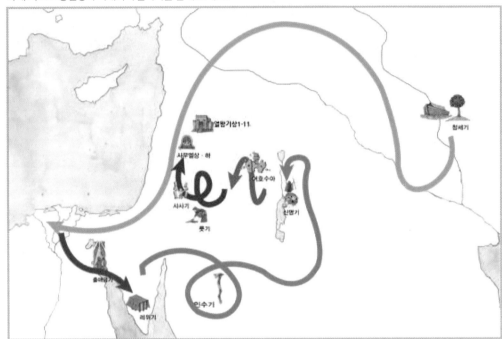

▶ 이스라엘은 이제 사사 시대가 끝나고 통일왕국 시대로 접어듭니다.
통일왕국 시대의 왕들은 누구입니까? - p 208


▶ 이스라엘은 결국 누구의 뜻을 펼치기 원하는 것입니까? - p 208


**19-9** 왕을 세운 후 사무엘이 권면하는 내용은 무엇입니까? (삼상 12:13-25 참조) - p 209

· 여호와께서 행하신 일을 생각할 것.(24절)
· 마음을 다하여 진실히 섬길 것.(24절)
· 여전히 악을 행하면 너희와 너희 왕이 다 멸망하기 때문.(25절)


**19-10** 하나님의 율법책을 늘 옆에 두고 통치해야 할 왕으로 임명받은 사울은
어떤 경향의 인물입니까? - p 209

인위뚝! 신위GO!

# 사울왕

**19-11** 사울의 3가지 실수를 통하여 순종, 불순종, 반역의 의미를 찾아보세요. - p 210

**19-12** 나에게 이런 반역된 모습은 없는지 살펴보십시오. - p 210

**19-13** 반역의 결과는 무엇으로 귀결됩니까? - p 210

**19-14** 사울은 왜 이런 반역을 하고 있습니까? - p 211

▶ 삼상 15:30에서 사울의 회개하는 모습이 어떤가를 살펴보고 회개란 무엇인가를 깊이 이해하세요.
*회개는 자기중심성을 철저하게 내려 놓는 것입니다.- p 211

**19-15** 철저하게 자기중심적 인위로 살아간 사울은 어떤 결말을 맞이합니까?(삼상 16:14 참조)
"하나님은 철저하게 자기중심적으로 사는 사람과는 함께 하실 수 없습니다." - p 212

**19-16** 그러나 하나님께서 다윗에게는 어떻게 대해 주십니까? - p 213

---

### 🖐 말씀이 삶이 되는 하루·· 19 일째

• 사무엘의 은퇴사(삼상 12:2-4)를 깊이 묵상하라. 나도 그런 은퇴사를 남길 수 있는 삶을 살아가고 있는가?

• 사울이 회개하는 모습(삼상 15:30)을 어떻게 생각하세요? 진정한 회개란 어떤 회개인가요? 진정한 회개란 단순한 감상적 회심이 아니라 생각의 근본을 바꾸어 생각 자체를 이전과 다르게 하는 데까지 나아가는 것이고, 사람의 가치관 전체가 바뀌는 것을 말합니다. 내 삶은 이런 가치관의 변화를 이루는 삶을 살아가고 있는지 살펴보세요.

• 가치관의 변화를 추구하며 하루를 살고 난 기쁨과 좌절을 기록해 보세요. (전리품 찾기)
하나님이 주인 되시는 나, 가정, 교회, 일터, 나라와 열방을 위해 기도합시다.

• 전리품 기록노트는 각 주차 끝에 있음.

*삶의 흔적을 기록하기*

🕐 **20일차 요약**    자기중심성이 강했던 사울 왕이 하나님의 말씀을 버리고 불순종함으로 하나님께서는 사무엘을 통해 베들레헴에서 다윗에게 기름을 부어 그를 이스라엘의 2대 왕으로 지명하십니다. 블레셋과 이스라엘 양 진영이 대결하고 있는 위기의 상황에서 다윗은 만군의 여호와의 이름을 의지하여 블레셋의 거인 골리앗을 죽인 사건으로 큰 명성을 얻게 됩니다. 그러나 이때로부터 무려 십여년 동안 다윗은 사울왕의 시기의 칼을 피해 도망합니다. 다윗의 생명을 노리는 사울의 끊임없는 추격 가운데서 다윗은 아둘람 굴을 중심으로 이스라엘 백성의 왕과 목자가 되기 위해 훈련을 받습니다. 심지어는 블레셋의 아기스 왕에게로 망명을 하기도 합니다. 또한 사울 왕을 피해 광야에서 도피하는 중에 자신의 대적 사울 왕을 죽일 수 있는 절호의 기회를 갖게 되나 하나님의 왕 되심을 철저히 인정하고 죽이지 않습니다.

이렇게 다윗은 오랜 도피 생활을 통해 겸손과 하나님을 온전히 의지하는 법을 배우게 됩니다. 이러한 도망자의 신세로 시시각각 생명의 위협을 받는 현실 속에서 다윗은 하나님만 피난처로 의지할 수 밖에 없는 그의 심정을 시편의 약 절 반에 해당하는 많은 시를 통해 고백했습니다.

# 역대상

**20-1** 역대기의 기록목적은 무엇입니까? – p 214

**20-2** 역대기의 강조점은 어디에 있습니까? – p 214

**20-3** 역대기의 특징은 무엇입니까? – p 215

**20-4** 역대기의 족보가 유다에 맞춰진 이유는 무엇입니까? – p 216

**20-5** 사울이 버림받은 결정적 이유는 무엇이며, 이런 상황을 해결하시는 하나님의 방법은 무엇입니까? "하나님의 말씀을 옆에 두고, 읽고 배우고, 지키지 않은 자의 결말은 뻔합니다." – p 217

**20-6** 전쟁 상황을 해석하는 다윗의 관점은 무엇입니까? – p 217
"그 일을 할 수 없다고 여겨지는 사람을 세우실 때는 하나님께서 일하시겠다는 사인임을 기억하십시오."

**20-7** 하나님의 관점을 가진 다윗 곁에 생명을 위협하는 사울을 허용하시는 이유는 무엇입니까?
"나를 괴롭히는 사람(훈련자)을 아직도 내 곁에 허용하시는 것은 나를 성숙케 하시는 하나님의 은혜입니다." – p 218

인위뚝! 신위GO!

**20-8** 다윗은 사울로부터 생명의 위협을 받고 도망 다니는 동안 무엇을 하고 있습니까? - p 219

· 도망자 신세로 있으면서도 오직 하나님만 의지합니다.(시 56:2;11, 34:6 참조)
· 의지한 결과 경험적으로 하나님을 알게 됩니다.(시 34:8, 63:3 참조)
· 이 모든 상황 속에서 알게 된 하나님을 찬양하는 시인이 됩니다.

**20-9** 24장과 26장 사이의 나발 사건에서 배울 수 있는 것은 무엇입니까?(삼상 25:21, 22 참조)
- p 219
"어제 철저하게 신위로 살았어도 오늘 인위로 돌아갈 가능성이 있음을 기억하십시오."
"'내가 너에게 어떻게 했는데'라는 의식이 발동하면 분노가 폭발하고 인위로 돌아갑니다."

**20-10** 다윗과 사울이 근본적으로 서로 다른 삶을 살게 된 궁극적인 원인은 무엇입니까? - p 219

🌷 *말씀이 삶이 되는 하루·· 20일째*

• 나에게 주어진 상황을 해석하는 나의 관점은 무엇인지 분석해 보세요.

• 매일의 삶을 하나님의 관점에서 판단할 수 있는 지혜를 갖도록 성경을 통전적으로 읽으며 성령 하나님의 도움을 구하는 기도를 매일 드리세요.

• 관점의 변화를 추구하며 하루를 살고 난 기쁨과 좌절을 기록해 보세요. (전리품 찾기)
하나님이 주인 되시는 나, 가정, 교회, 일터, 나라와 열방을 위해 기도합시다.

• 전리품 기록노트는 각 주차 끝에 있음.

*삶의 흔적을 기록하기*

# 21일

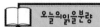
오늘의읽을분량

삼상 26~31장
삼하 1장
시 18편
삼하 2~7장

🕐 **21일차 요약**　사울이 죽은 후에 북쪽에서는 사울의 아들 이스보셋이 사울의 왕권을 이어갑니다. 남쪽에서는 다윗이 유다지파의 왕으로서 헤브론에서 약 7년 반 동안 다스립니다. 그러나 결국 이스보셋은 살해되고 다윗은 이스라엘 12지파의 왕으로 추대되어 다시 기름부음을 받게 됩니다.

다윗은 여부스족이 살고 있던 철옹성 같은 예루살렘을 정복하고 수도를 헤브론에서 예루살렘으로 옮깁니다. 다윗은 예루살렘이 하나님께서 임재하시고 통치하시는 하나님의 도성이 되기를 원하는 마음으로 하나님의 언약궤를 기럇여아림에서 예루살렘으로 모셔옵니다. 그리고 다윗은 법궤를 모실 성전을 건축하기를 원했습니다. 하나님께서는 다윗의 그 마음을 기뻐하시며 '네가 나를 위해 집을 짓기보다 내가 네 왕위를 영원히 견고하게 해 주겠다'는 약속을 해 주십니다(다윗언약). 계속적으로 다윗의 후손들을 통해 이스라엘의 왕위가 이어지리라는 이 약속은 이스라엘의 그 이후 역사를 통해 결국 영원한 왕 되신 예수 그리스도까지 이어집니다.

하나님의 구속역사를 이루어갈 창세기에서의 여인의 후손은 족장시대에는 아브라함의 후손으로 연결되며 출애굽기의 시내산 언약에서는 이스라엘의 열두 지파로 확정되고 그 후에 통일 왕국시대에 이르러서는 다윗 가문으로 초점이 분명해 집니다. 이처럼 창조시대로부터 시작하여 통일왕국시대에 이르기까지지 하나님의 구속의 계시는 점진적으로 구체화됩니다.

**21-1**　사울의 자기중심성의 종말은 어떻게 나타납니까? – p 220

· 삼상 28장 : 인위의 극치
· 삼상 31장 : 처참한 죽음

"인위는 패망의 지름길입니다"

▶ 그러나 하나님은 자기 민족과의 전쟁 위기에 처한 다윗을 어떻게 보호하십니까?(삼상 29장 참조)

**21-2**　사무엘하는 누구에 대한 이야기입니까? – p 221

# 사무엘하

# 다윗왕

**21-3**　다윗이 지속적으로 승리할 수 있었던 국제적 요인은 무엇입니까? – p 222

**21-4**　다윗이 그렇게 승리할 수 있었던 궁극적 원인은 무엇입니까? – p 222

**21-5**　하나님께서 함께 하신 결과는 어떻게 나타났습니까? – p 222

인위뚝! 신위GO!

**21-6** 다윗이 예루살렘을 수도로 정한 이유는 무엇입니까? - p 223


**21-7** 다윗이 법궤를 예루살렘으로 옮겨 오고자 한 이유는 무엇입니까? - p 223


**21-8** 법궤를 둘 성전을 짓겠다는 다윗에게 하나님께서 주시는 언약의 핵심은 무엇입니까? - p 224
"내가 하고자 하는 사역이 비록 선하고, 유력한 사람이 동조한다 할지라도 하나님의 뜻이 아닐 수 있습니다."


▶언약의 점진성을 이해하세요. - p 225


💧 *말씀이 삶이 되는 하루‥ 21 일째*

• 다윗은 예루살렘을 수도로 정하고 법궤를 옮겨 옵니다.
 1) 법궤는 하나님의 임재를 상징하며 그의 축복을 상징합니다. 2) 법궤는 이스라엘 공동체 신앙의 중심입니다.
 3) 법궤가 있는 성막이 생활의 중심지이며 그것이 바로 국가 통일성을 제공하는 역할을 합니다. 하나님 중심, 즉 신위로 살아간다는 결의입니다.

• 매일의 삶을 하나님 중심(신위)의 삶을 살아 갈 수 있도록 성경을 통전적으로 읽으며 성령 하나님의 도움을 구하는 기도를 매일 드리세요.

• 하나님 중심의 변화를 추구하며 하루를 살고 난 기쁨과 좌절을 기록해 보세요. (전리품 찾기)
 하나님이 주인 되시는 나, 가정, 교회, 일터, 나라와 열방을 위해 기도합시다.

• 전리품 기록노트는 각 주차 끝에 있음.

*삶의 흔적을 기록하기*

# 22일

년      월      일

📖 오늘의 읽을 분량

**대상 11~15장
시 8, 19, 29, 65, 68,
103, 108, 138편
대상 16장**

🕐 **22일차 요약**    역대기 상하는 모세 율법에 익숙한 에스라에 의해 쓰여졌다고 추정됩니다. 사무엘하의 다윗의 역사 보다 수 백 년 뒤에 쓰여진 역대기 상하는 포로귀환 세대의 학사였던 에스라에 의해 사무엘서와 사뭇 다른 관점으로 기록됩니다. 포로로 끌려갔다가 다시 예루살렘으로 돌아온 포로 귀환한 유대인들 가운데 있었던 에스라는 포로에서 돌아온 유대인들이 하나님의 언약 백성으로서의 정체성을 다시 바로 세우는 일을 돕기 위해 남방 유다만의 역사를 중심으로 역대상하를 기록합니다.

그래서 역대기에는 성전과 예배문화, 제사장과 레위인들에 관한 기록들이 큰 비중을 차지하고 있습니다. 특히 역대상에서는 하나님의 언약궤가 예루살렘성(시온성/다윗산성)으로 들어올 때 다윗이 수금과 제금과 나팔을 불며 아삽과 그의 형제들을 세워 하나님을 찬양하게 하여 거국적으로 준비된 제사를 드리는 모습을 상세히 기록하고 있습니다. 다윗은 또한 시편을 통하여 예루살렘에 좌정하신 여호와 하나님께서 영원토록 왕으로 임재하시며 통치하시기를 간구합니다. 하나님께서 시내산 성소에 계셨던 것 같이 통일왕국 시대에 와서는 예루살렘이 하나님을 모시는 성전이 됨을 감격하며 찬양합니다.

**22-1** 법궤를 옮겨 오면서 감격하는 다윗의 심정으로 시편을 읽으면서
공감되는 부분들을 찾아서 기록해 보십시오.  – p 225

**22-2** 오늘 읽은 시편에서 오늘 하루 부르고 싶은 하나님의 이름을 하나 정하십시오.  – p 226
"깨달은 말씀이 삶이 되기 위해서는 말씀에 근거한 기도가 필수입니다."

🌷 *말씀이 삶이 되는 하루·· 22 일째*

- 시편은 '기도하는 책' 입니다. 오경이나 선지서가 하나님께서 위에서 밑으로 주신 계시라면, 시편은 인간이 하나님께 드린 기도입니다.

- 시편에서 하나님과 교제하는 법과 바른 기도와 풍성한 기도를 배울 수 있습니다.
시편을 나의 기도로 삼는 하루의 삶을 살아 보세요.

- 시편으로 기도하며 하루를 살고 난 기쁨과 좌절을 기록해 보세요. (전리품 찾기)
하나님이 주인 되시는 나, 가정, 교회, 일터, 나라와 열방을 위해 기도합시다.

• 전리품 기록노트는 각 주차 끝에 있음.

*삶의 흔적을 기록하기*

인위뚝! 신위GO!

⏱ **23일차 요약**    시편 73~83편은 다윗 시대에 찬양대장이었던 아삽의 시입니다. 아삽은 하나님께 가까이 함이 진정한 복임을 고백했고 성소에 들어가서 하나님을 예배할 때에 풀리지 않았던 악인의 결국을 깨닫게 됩니다. 아삽은 또한 출애굽 시대부터 통일왕국 시대에 이르기까지의 이스라엘의 역사를 자신이 기록한 시를 통해 회고합니다. 홍해의 기적, 시내산 언약, 광야에서의 반복되는 불순종에도 불구하고 그 가운데서도 그들을 가나안 땅으로 인도하시고 땅을 분배해주신 하나님의 구속사를 자신의 시를 통해 후손들에게 전수했습니다.

아삽은 하나님께서 이스라엘 백성들의 우상숭배로 인하여 실로의 성막을 떠나시고 요셉의 후손인 에브라임 지파가 아닌 유다지파로 영적인 리더십을 옮기셨음을 지적합니다. 그는 또한 하나님께서 지정하신 한 장소 시온산 곧 예루살렘을 택하셨고 그의 종 다윗을 양의 우리에서 취하여 왕으로 세우셨음을 강조합니다. 거기에서 더 나아가 아삽은 앞으로 이방 나라들이 쳐들어와 예루살렘 성전을 더럽혀 예루살렘이 돌무더기가 될 것도 예언하며 하나님의 회복과 구원을 탄원하며 간구합니다.

한편 다윗은 왕권이 안정되고 주변의 국가들과의 전쟁에서 하나님께서 어디로 가든지 이기게 하셔서 그 결과 다윗 시대에 이스라엘은 강대국이 됩니다. 그러나 다윗은 하나님께서 정해주신 국경의 경계를 넘어서까지 주변국가의 땅을 정복하지 않았습니다. 그러나 전쟁터에 있어야 할 시간에 집에서 한가로이 지내나가 정욕에 사로잡혀 밧세바와 간음하게 되고 밧세바의 남편을 우리아를 죽이는 죄를 범하게 됩니다.

**23-1** 법궤는 하나님의 임재하심을 상징합니다. 하나님의 임재를 감격하는 다윗의 마음으로 시편을 읽어 보십시오.  - p 227

**23-2** 하나님은 하나님의 임재에 대한 감격과 기쁨이 넘치는 다윗을 어떻게 인도하십니까? - p 228

**23-3** 잘 나가고 있는 다윗의 저지른 일은 무엇입니까? - p 228

**23-4** 왜 이런 일이 일어나게 되었습니까? - p 228

**23-5** 다윗은 자신의 죄로 인해 일어난 이 사건을 어떻게 해결하고 있습니까? - p 228

**23-6** 하나님은 회개하지 않고 더 큰 죄를 짓고 있는 다윗을 어떻게 돕고 계십니까? - p 229

**23-7** 죄를 용서하시면서 대가를 치르게 하는 이유는 무엇일까요?(삼하 7:14-15, 히 12:5-11 참조) - p 230

▶ 회개란 어떤 것인가를 다시 PPT의 내용으로 공부하세요.(PPT는 '인도자 지침서'에 제공됩니다.)

## 말씀이 삶이 되는 하루·· 23 일째

- 다윗은 철저히 자신의 죄를 깨닫고 하나님 앞에서 회개하는 모습을 볼 수 있습니다. 사울의 회개와 대조해 보았습니다. 회개란 철두철미하게 하는 것입니다.

- 진정한 회개란 삶의 방향을 바꾸고, 생각을 바꾸는 것이라고 했습니다. 내 삶 가운데 이런 회개가 있었는지 한번 살펴보세요. 진정한 회개는 세계관의 변화에 있음을 명심하세요.

- 삶을 바꾸는 하루를 살고 난 기쁨과 좌절을 기록해 보세요. (전리품 찾기)
  하나님이 주인 되시는 나, 가정, 교회, 일터, 나라와 열방을 위해 기도합시다.

- 전리품 기록노트는 각 주차 끝에 있음.

삶의 흔적을 기록하기

🕐 **24일차 요약**　　다윗의 밧세바 간음 사건은 그의 생애를 가르는 분기점이 됩니다. 다윗은 자신의 죄를 하나님께 고백하고 회개했지만 이 사건을 계기로 다윗의 생애는 내리막길을 가게 되며 비극적인 하나님의 형벌을 맞게 됩니다. 또한 다윗은 그의 인생의 말년에 자신의 국력을 자랑하고 싶은 동기에서 시행한 인구조사 사건으로 인해 또 한 번 하나님께 범죄합니다. 다윗은 자신의 두 가지 큰 죄로 인해 자신의 삶에서 비참한 결과를 당하지만 하나님께서는 그와 맺으신 언약대로 그의 아들 솔로몬과 그의 후손들을 통해 왕위가 계속적으로 계승되게 하셨고 다윗의 간절한 소망이었던 성전건축도 그의 아들 솔로몬을 통해 이루게 하셨습니다.

다윗은 비록 자신이 이스라엘의 왕의 자리에는 있었지만 하나님께서 이스라엘의 진정한 왕이시고 그 하나님께서 이스라엘 백성들 가운데 오셔서 임재하시고 그 백성들을 다스려주시길 원하는 마음으로 그토록 성전건축을 사모했을 뿐만 아니라 성전 건축을 위한 헤아릴 수 없이 엄청난 모든 준비를 고난 가운데서도 완성했습니다.

📖 **오늘의읽을분량**

시 32, 51편
삼하 12:15(하)~15장
시 3편
삼하 16:1-14
시 7편
삼하 16:15~20장

**24-1**　다윗이 회개한 후 용서의 기쁨을 노래한 것에서 배울 수 있는 것들은 무엇이 있을까요?
　　　　- p 231

✋ *말씀이 삶이 되는 하루·· 24 일째*

• 시편 31편과 51편은 다윗이 밧세바를 범한 죄의 문제와 관련된 시편입니다. 바울의 심정을 현실감 있게 한번 느껴 보세요.

• 이 시편을 통해 회개의 본질을 볼 수 있습니다. 나의 회개는 다윗과 같이 철두철미하게 한 것입니까? 회개 후 용서의 확신을 했습니까?

• 하나님의 명령을 지키며 하루를 산 기쁨은 어떤 것이었습니까? *(전리품 찾기)*
하나님이 주인 되시는 나, 가정, 교회, 일터, 나라와 열방을 위해 기도합시다.

• 전리품 기록노트는 각 주차 끝에 있음.

*삶의 흔적을 기록하기*

# 통통 90일 성경일독 전리품 보물 창고

### 제 19일차 ~ 24일차

통통의 핵심 정신은 '인위(자기중심성)' 뚝! 신위 GO!입니다. 우리는 말씀 앞에서 자기중심성을 뚝 꺾고 신위 GO한 결과를 '전리품'이라고 합니다. 이 전리품들은 결국 우리의 삶의 변화로 나타나고, 또한 궁극적인 하나님 나라에까지 연결되는 것이기에 하늘의 보물 창고에 쌓는 연습을 위해 매주 '보물 창고'에 기록할 것입니다.

*( )조 　*이름 : ( )

| 읽은 성경 범위 : | | 읽은 일 : 20 년 월 일 |
| --- | --- | --- |

**보물창고 샘플**

● **4주: 삼상 22:1..** 사울에게 쫓겨 피신하던 다윗이 엔게디 동굴로 숨었을 때 함께 모여 든 사람들은 부족하고 연약한, 환란 당하고 맘이 상한 자들이었다. 위로와 격려를 받을 수 있는 마음이 열려지기까지 다윗의 삶의 태도와 신앙은 지경이 넓고 깊음을 본다.

나를 돌아보니 사람들과의 관계 사이에서 편협함이 있음을 깨닫는다. 믿음이 좋은, 예쁜, 착한 사람들만 좋아하고 편애하는 내 모습이 보여진다. 마음의 상처를 입은 사람들, 내 기준으로 이해하기 어려운 사람들, 그리고 나와 생각이 부딪히는 사람들에게까지 마음을 나누고 배려와 섬김을 행할 수 있도록 사랑의 지경을 넓혀주시길 소원하게 되었다. 나 스스로는 쉽지 않지만 성령님께 의지해 이 일을 행하길 기도한다.

신위GO!

솔로몬은 지혜로 충만한 은혜를 입었고, 성전을 건축하는 등 삶의 전반부는 매우 밝았지만 후반부는 어두움이 내리는 것을 읽을 수 있습니다. 정략적으로 결혼한 이방인 처첩을 만족시켜 주기 위하여 우상숭배를 허용함으로 약속의 땅 가나안에 우상의 산당이 들어서게 되고 이스라엘은 이방 우상을 섬기는 나라로 돌아서게 되는 결과를 초래하게 됩니다. 그래서 하나님의 진노를 쌓고 심판이 임하여 나라가 분열하는 비극을 맞게 됩니다. 솔로몬의 인생은 어떤 의미에서 파란만장의 삶을 살았다고 볼 수 있습니다. 그런 삶을 통해서 얻어진 지혜들이 성령의 감동으로 지혜서를 쓰게 되었다고 볼 수 있습니다. 잠언, 아가서, 전도서를 읽을 때 솔로몬의 생애를 생각해 보세요.

🕐 **25일차 요약** 다윗은 요압의 만류에도 불구하고 교만한 마음에서 비롯된 자신의 권력에 대한 자신감으로 인구 조사를 감행합니다. 약 10개월에 걸쳐 인구 조사를 마친 후 다윗은 자신이 하나님의 영광이 아닌 자기 자신의 영광을 위하여 인구 조사를 행한 것에 대해 뉘우치게 됩니다. 하나님께서는 갓 선지자를 통해 세 가지 심판을 제시하시고 다윗은 그 가운데 3일 동안의 전염병의 심판을 선택합니다. 그러자 하나님의 천사가 예루살렘을 향하여 칼을 들고 사람들을 해하는 심판이 내려 수많은 백성들이 죽게 됩니다. 이에 선지자 갓은 다윗에게 여부스 사람 아라우나(오르난)의 타작마당에서 여호와께 제단을 쌓으라고 명하십니다. 다윗이 그 말씀대로 아라우나의 타작마당을 값을 지불하고 사서 그 곳에서 제사를 드리자 하나님께서는 그 제물 가운데 여호와의 불을 내려 응답하시고 심판의 칼을 거두십니다. 다윗이 자신의 교만에 대한 하나님의 징계와 심판을 받고, 제사를 통해 하나님과의 관계가 다시 회복된 이 곳, 곧 아라우나 타작마당을 다윗은 후에 하나님의 임재와 통치가 있는 예루살렘의 하나님의 성전 터로 삼게 됩니다.

**25일**

년    월    일

📖 **오늘의읽을분량**

삼하 21~23장
대상 18~20장
시 60편
삼하 24장
대상 21장
시 4-6, 9-13편

**25-1** 다윗이 인구 조사를 한 이유는 무엇입니까? – p 232

**25-2** 하나님은 인구 조사를 하려는 다윗을 어떻게 하십니까? – p 233

**25-3** 하나님의 이런 도우심에도 불구하고 다윗은 어떤 태도를 취하고 있습니까? – p 233

▶다윗의 인위의 선택은 어떤 결과를 초래하는지 다음 성경을 읽고 답하십시오. – p 233

· 부정적 (삼하 24:15)
· 긍정적 (대상 21:25, 22:1, 대하 3:1)

**25-4** 그러나 불평 자체로 끝나지 않습니다. 심정을 토로한 후 반드시 하나님을 신뢰하고 하나님을 찬양하는 것으로 마칩니다. – p 235

# 시편 특강

**25-5** 다윗의 애가의 배경은 주로 어떤 상황입니까? - p 237
나는 이런 상황일 때 어떻게 대처합니까?

**25-6** 그런 상황에서 하나님은 다윗에게 어떤 분이십니까? - p 238

👆 *말씀이 삶이 되는 하루·· 25일째*

• 다윗의 인구조사는 다윗의 인위의 실수입니다. 그 대가를 살펴보세요. 네 인위의 삶의 대가는 무엇일지를 묵상해 보세요.

• 다윗처럼 내 삶의 모든 상황을 하나님께 의지하며 감사와 간구로 살아가고 있는지를 살펴보세요.

• 다윗의 신발을 신고 하루를 살고 난 기쁨과 좌절을 기록해 보세요. (전리품 찾기)
하나님이 주인 되시는 나, 가정, 교회, 일터, 나라와 열방을 위해 기도합시다.

• 전리품 기록노트는 각 주차 끝에 있음.

*삶의 흔적을 기록하기*

*인위뚝! 신위GO!*

🕐 **26일차 요약**   시편150편 가운데 약 절반은 다윗에 의해 쓰여졌습니다. 다윗은 하나님을 인정하지 않고 악을 행하는 사람들로부터 당하는 많은 고난으로 슬퍼하고 탄식하며 하나님께 자신의 심정을 호소합니다. 특히 사울의 핍박과 죽음의 칼을 피해 오래도록 도망 다녔던 다윗의 상황은 예수께서 공생애 기간 동안 유대인들로부터 당했던 고난과 핍박의 상황과 흡사합니다. 따라서 다윗이 기록한 많은 탄식시는 예수께서 이 땅에 오셔서 하나님과 사람 사이의 중보자로 하나님께 눈물로 탄식하며 기도했던 내용으로 연결됩니다. 예수님께서도 친히 시편에 기록된 많은 내용들이 자신을 가리키고 있음을 말씀하셨습니다. 하나님께서는 다윗이 당하는 고난의 상황 속에서 쓰여진 시편을 통하여 앞으로 예수께서 이 땅에 오셔서 하나님께 올려드릴 수 많은 탄식의 기도를 기록하게 하셨습니다. 또한 다윗은 어떤 상황 가운데서도 하나님을 신뢰하며 하나님의 법도를 지키는 것을 그의 생명으로 여겼습니다. 성소에서 하나님의 얼굴을 구하며 기도할 때 하나님께서 오셔서 자신의 고통의 상황을 구원해 주시리라는 확신을 갖게 되었습니다. 그래서 많은 경우 다윗의 탄식 기도는 결국에는 하나님께 감사하고 찬양하는 내용으로 끝을 맺게 됩니다.

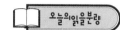

오늘의 읽을분량

시 14, 16, 17, 22, 25-28, 31, 35, 36, 38, 40, 41, 53, 55편

**26-1** 다윗이 항상 여호와를 앞에 모시는 이유는 무엇입니까?(시 16:8-11 참조) – p 238

**26-2** 다윗이 구하는 한 가지는 무엇입니까?(시 27:3-5 참조) – p 239

**26-3** 다윗이 어떤 상황에서 하나님을 의지하겠다고 고백하고 있습니까?(시 31:13-16 참조) – p 239

🕐 **27일차 요약**  다윗이 쓴 대다수의 시편의 애가들은 시간과 공간에 제약을 받지 않습니다. 유대 전통에서만 이해되는 내용이 아니라 모든 사상과 문화와 인종적 한계를 뛰어넘는 기도의 내용을 담고 있습니다. 또한 하나님은 누구신지 그리고 그 하나님께서 이스라엘의 역사 가운데 어떤 일들을 행하셨는지 가르쳐줍니다. 특히 시편139는 하나님의 속성을 말해주는 시편입니다. 하나님께서는 전지전능, 무소부재, 영원불변 등등 사람들과는 다른 비공유적 속성을 가지고 계신 분이시지만 또 한편으로는 사람과 공유하는 속성을 가지고 계신 분이십니다. 그래서 사람은 자신의 고통스런 상황들 속에서 하나님께 자신의 심정을 고백하며 나아갈 수 있습니다.

다윗이 악인들로부터 당하는 많은 어려움과 억울함 가운데 성소에서 하나님께 나아가 부르짖으며 기도하고 찬양할 수 있었던 것은 하나님의 영원하신 언약적 사랑과 긍휼하심을 믿고 하나님과의 관계 회복을 통한 구원을 바라보았기 때문입니다. 다윗의 많은 애가는 오늘도 우리가 소망이 보이지 않는 땅 끝이나 큰 물과 깊은 웅덩이 같은 절망적인 삶의 정황 속에서라도 소망 가운데 더욱 주를 찬송할 수 있도록 합니다.

**27-1**  원수들의 위협에서 다윗은 어떤 태도를 취합니까?(시 69편 참조) - p 239

**27-2**  다윗의 소망은 누구에게 있습니까?(시 71:5-6 참조) - p 239

**27-3**  시편 139편에서 하나님의 속성을 배웁니다. 좀 더 자세한 내용은 저자의 강의 녹취록인『성경 그리고 삶』p214-222를 참고하여 신론을 확실히 정리해 보세요. - p 240

🌷 *말씀이 삶이 되는 하루‥ 26/27일째*

• 다윗에게 하나님과의 관계는 0순위입니다. 나에게 하나님은 몇 번째 순위 입니까?

• 우리의 삶에서 하나님과 관계가 0순위가 되도록 성경을 읽으며 기도하는 것을 습관처럼 삼기로 결단하십시오.

• 그런 결단으로 하루를 살고 난 기쁨과 좌절을 기록해 보세요. (전리품 찾기)
하나님이 주인 되시는 나, 가정, 교회, 일터, 나라와 열방을 위해 기도합시다.

• 전리품 기록노트는 각 주차 끝에 있음.

*삶의 흔적을 기록하기*

🕐 **28일차 요약**　예루살렘 성전은 솔로몬에 의해 세워졌지만 성전 건축을 위한 모든 준비는 환난 중에 있었던 다윗에 의해 이루어졌습니다. 다윗은 솔로몬에게 성전건축과 함께 시내산 언약을 늘 기억하고 지킬 것을 당부합니다. 그리고 다윗은 성전건축 전에 이미 성전조직을 구성합니다.

모든 레위 사람들(38000명)을 계수하여 성전의 각각의 직임들을 맡깁니다. 아론의 남은 두 아들의 후손들을 통해 제사장을 세우고 아삽과 헤만 자손 중에서 악기들을 동반한 성가대를 구성하고 지휘자를 임명하여 여호와께 찬양하게 합니다. 또한 오벳에돔의 아들들을 비롯한 많은 성전 문지기들을 세워 성전을 관리하도록 합니다. 이와 같이 다윗은 국가조직 보다는 하나님께서 왕으로 통치하시는 제사장나라의 성전조직을 가장 우위에 두었습니다.

또한 시편 중에는 레위지파의 후손들인 고라 자손들이 기록한 시편들이 있습니다. 이스라엘 백성들의 구원은 오직 하나님께 있으며 만군의 여호와께서 이스라엘과 함께 계심을 찬양합니다. 여호와께서 야곱의 모든 거처보다 시온의 문들을 사랑하신다는 표현을 통해 시온에 대한 하나님의 특별한 사랑과 돌보심을 노래합니다.

📖 **오늘의 읽을분량**

**시 37편**
**대상 22장**
**시 30편**
**대상 23~26장**
**시 15, 24, 42-49, 84, 85, 87편**

**28-1** 신정론이란 무엇입니까? – p 241

**28-2** 하나님께서 자기 백성이 고난 받도록 허용하시는 이유는 무엇입니까?(합 1:3, 2:1, 4 참조) – p 241

**28-3** 시편 73편 기자는 이 신정론 문제를 어떻게 해결했습니까?(시 73:16, 17 참조) – p 241

**28-4** 다윗은 어떤 조직을 더 잘 정비해 놓았습니까? – p 241

**28-5** 성전에 대한 다윗의 심정을 느껴보고, 이 시편으로 기도해 보십시오.(시 84편 참조) – p 242

👐 **말씀이 삶이 되는 하루‥28일째**

• 지금까지 내 삶을 최선으로 인도하신 내용들로 하나님께 감사하는 시간을 가져 보세요.

• 복음송 "왕이신 나의 하나님"을 부르고, 시편 145편을 묵상하며 기도해 보세요.

• 왕께 감사하는 마음으로 하루를 살고 난 기쁨과 좌절을 기록해 보세요. (전리품 찾기)
　하나님이 주인 되시는 나, 가정, 교회, 일터, 나라와 열방을 위해 기도합시다.

• 전리품 기록노트는 각 주차 끝에 있음.

오늘의읽을분량

대상 27~29장
시 2, 20, 21, 72,
93-95, 97-99,
101, 110,
144, 145편

🕐 **29일차 요약**  다윗은 성전 안의 여러 구조와 각 부분의 위치와 크기 그리고 그 안에 둘 여러 기구들의 금과 은의 무게까지 하나님께 받은 설계도를 통해 솔로몬에게 알려 주었습니다. 백성들은 자원하여 성전에 필요한 모든 예물을 드렸고 다윗은 하나님께서 백성들에게 하나님을 향한 헌신의 마음을 주신 것을 감사했습니다. 다윗은 40년의 통치를 마감하고 솔로몬에게 그의 왕위를 넘겨 줍니다. 다윗의 시편 가운데는 장차 하나님께 기름 부어 세우신 진정한 왕이 오셔서 공의가 깨어진 이 세상을 회복하기를 간절히 원하는 탄식과 기도가 담겨 있습니다. 특히 시편 2편에서는 온 세상의 구원과 심판의 기준이 되실 예수 그리스도께서 하나님의 독생자로 이 땅에 오실 것을 예언했습니다.  다윗은 또한 시편110편을 통해 여호와께서 장차 다윗의 진정한 구주가 되시는 예수 그리스도를 이 땅에 보내시고 죽음에서 다시 일으키셔서 하나님의 보좌 우편 곧 심판주의 자리에 앉히실 것까지 예언하셨습니다. 다윗의 시편은 앞으로 하나님께서 기름 부어 세우신 진정한 왕이 다시 오셔서 가난한 자들에게 구원을 베풀고 공의로 세상 이방 나라들의 헛된 분요함을 끝낼 그 날이 올 것을 믿음으로 기다리도록 격려하고 있음을 알 수 있습니다.

**29-1** 오늘 읽은 시편 중 마음에 와 닿은 내용을 기록해 보십시오. - p 243

**27-2** 다윗은 왕되신 하나님을 향해 어떤 태도를 취하고 있습니까? - p 243

🌷 *말씀이 삶이 되는 하루·· 29일째*

• 오늘 읽은 시편 2편을 묵상해 보세요.
모든 주권은 국민에게서 나온다는 헌법과 하나님 나라의 주권과 그 의미를 구별해 보세요.

• 하나님은 정녕 나의 주권자이십니까? 그래서 내 삶 속에서 인위 뚝! 신위 GO! 가 이루어지고 있나요?

• 하나님의 명령을 지키며 하루를 산 기쁨은 어떤 것이었습니까? (전리품 찾기)
하나님이 주인 되시는 나, 가정, 교회, 일터, 나라와 열방을 위해 기도합시다.

• 전리품 기록노트는 각 주차 끝에 있음.

*삶의 흔적을 기록하기*

*인위뚝! 신위GO!*

⏱ **30일차 요약**　다윗의 왕위를 계승한 솔로몬은 기브온 산당에서 일 천 마리의 제물을 번제로 드린 후 하나님께 참 지혜 곧 듣는 마음을 주시길 구했습니다. 하나님께서는 솔로몬에게 지혜뿐만 아니라 전무후무한 부귀영화를 더하여 주셔서 솔로몬의 왕정 초기에는 이스라엘이 형통합니다. 솔로몬은 7년에 걸쳐 성전을 건축하고 성전낙성식을 행하며 이스라엘 온 백성의 마음이 주께로 향하길 간절히 기도했습니다.

그러나 시간이 지나면서 솔로몬은 하나님을 떠나 점차 우상숭배에 빠지는 삶으로 변질됩니다. 국제관계를 통한 나라의 번영과 안정을 위해 많은 이방 나라 여인들과의 정략결혼을 통해 여러 우상들이 솔로몬 왕궁에 들어오게 되고 곳곳에 우상의 산당들이 세워지게 됩니다. 솔로몬은 결국 초심을 잃고 우상과 섞이는 혼합주의로 기울게 됩니다. 이에 대해 하나님께서는 주변 국가들을 하나님의 징계의 막대기로 사용하셔서 주변 국가들이 솔로몬의 대적이 되게 하십니다.

마침내 북쪽 10지파와 남쪽 유다지파가 서로 나누어지는 비극을 초래하게 됩니다. 그러나 하나님께서는 다윗과 맺은 다윗 언약으로 인해 이스라엘의 한 지파(유다지파)를 하나님 나라 구속의 역사를 이어가게 합니다.

오늘의읽을분량

**왕상 1~11장**

# 열왕기상

# 솔로몬왕

**30-9** 그런 솔로몬에게 하나님은 어떤 기회를 주셨습니까? - p 251

**30-10** 그러나 솔로몬은 무엇을 선택했습니까? - p 251

**30-11** 솔로몬이 하나님의 명령을 지키지 않은 결과가 어떻게 나타나게 됩니까? - p 251

## 말씀이 삶이 되는 하루·· 30 일째

- 성막은 우리를 구속하여 관계를 회복하셔서 에덴에서처럼 우리와 함께 하셔서 복을 회복하시려고 우리에게 임재하시는 하나님의 처소임을 명심하십시오.

- 지금은 우리가 성령을 모시는 성전이 되었고, 하나님이 내 속에 계셔서 나와 동행합니다. 나의 삶은 과연 그런 삶인지 돌아보세요.

- 성령을 모신 성전 같은 하루를 살고 난 기쁨과 좌절을 기록해 보세요. (전리품 찾기)
  하나님이 주인 되시는 나, 가정, 교회, 일터, 나라와 열방을 위해 기도합시다.

• 전리품 기록노트는 각 주차 끝에 있음.

삶의 흔적을 기록하기

인위뚝! 신위GO!

# 통통 90일 성경일독 전리품 보물 창고

## 제 25일차 ~ 30일차

통통의 핵심 정신은 '인위(자기중심성)' 뚝! 신위 GO!입니다. 우리는 말씀 앞에서 자기중심성을 뚝 꺾고 신위 GO한 결과를 '전리품'이라고 합니다. 이 전리품들은 결국 우리의 삶의 변화로 나타나고, 또한 궁극적인 하나님 나라에까지 연결되는 것이기에 하늘의 보물 창고에 쌓는 연습을 위해 매주 '보물 창고'에 기록할 것입니다.

*(            )조    *이름 : (           )

| 읽은 성경 범위 : | 읽은 일 : 20    년    월    일 |
| --- | --- |

**보물창고 샘플**

● **5주: 잠언 1:23..** "책망을 듣고 돌이키는 자에게 내 영을 쏟아부어 내 말을 너희가 깨닫도록 할 것이다."라는 말씀을 통해 나의 그릇된 삶의 태도 앞에 신실함으로 책망하셨던 하나님을 기억합니다. 한편 책망을 듣고도 그 지혜의 말씀을 거부했던 나의 행동을 반성하고 주님앞에 회개하며 나아갑니다. 그리고 다시 주님 말씀 앞으로 나아가고 나의 지혜로 부터 돌이켜 주님의 지혜와 교훈을 따르는 삶으로 변화되는 나의 인생이 되길 소망합니다.

**31**일

년 월 일

오늘의읽을분량

잠 1~16장

6주차에 읽을 범위의 주요 개요

AD 970년에 즉위한 솔로몬은 40년간 집권하면서 성전 건축 등 많은 국가사업을 이룩합니다. 그러나 정략적(인위의 극치)으로 결혼한 수많은 처첩들의 요구를 들어 줌으로 하나님의 약속의 땅, 가나안에 수많은 우상들의 산당이 들어서게 되며 이스라엘은 급기야 우상 숭배 국가로 돌아서게 됩니다. 솔로몬은 종교혼합주의를 허용하고 하나님의 격노를 쌓게 함으로 결국 AD 930년에 통일 이스라엘은 남북 왕조로 나누어집니다. 북왕국은 정략적으로 북쪽의 10지파를 남왕국의 성전으로부터 격리시켜야 하기 때문에 사마리아 지역의 베델과 단에 자기들의 성전을 짓고 금송아지를 숭배케 하며, 레위 지파가 아닌 사람들을 제사장으로 삼는 어처구니없는 짓을 합니다. 이로서 북왕국은 첫 단추부터 하나님 보시기에 악한 모습을 보이며, 20명의 모든 왕이 다 악한 왕으로 분류됩니다. 솔로몬은 어떤 의미에서 파란만장의 삶을 살았으리라 추정해 볼 수가 있고, 그런 그의 삶의 체험들이 녹아져 있는 잠언과 그의 사랑 이야기로 여겨지는 아가서, 그리고 그의 체험을 통해서 보게 되는 인생을 쓴 전도서를 읽습니다. 이 책들에서 우리는 신위, 인위, 자기중심성의 메시지 라인들을 읽게 됩니다. 북왕국의 사악한 왕과 왕비인 아합과 이사벨에게 하나님은 선지자 엘리야와 엘리사를 보내어 심판하시는 모습을 읽으면서 선지서 시대로 접어들게 됩니다.

🕐 **31일차 요약**  솔로몬은 잠언을 통해 여호와를 경외하는 것이 하나님과 이웃과의 올바른 관계를 통해 의로운 삶을 살 수 있는 지식의 근본이라고 말씀합니다. 그리고 이러한 지혜를 얻기 위해서 마음을 다하여 여호와를 신뢰하고 자신의 생각이나 방법을 의지하지 말 것을 당부합니다.

잠언은 특히 많은 재물이나 명예보다 지혜를 얻기를 간절히 사모하라고 말씀하십니다. 지혜란 얻은 지식을 삶에 적용할 줄 아는 능력입니다. 이와 반면에 음녀를 따라 사는 삶은 죽음에 이르는 길이며 지혜를 따라 사는 삶이 생명의 길임을 말씀합니다.

또한 잠언에서는 하나님의 지혜를 인격화시켜 묘사합니다. 이 지혜는 창세전부터 하나님 안에 있었으며 만물이 있기 전부터 있었고 하나님께서 온 땅을 창조하실 때 하나님과 함께 있었습니다. 이를 통해 예수그리스도는 창세전부터 계셨고 하나님의 창조 사역에 함께 하신 하나님의 지혜이셨음을 선포하십니다.

# 잠언

**31-1** 잠언의 특징은 무엇입니까? – p 252

① 
② 
③ 
④ 
⑤ 

▶인생의 두 갈래 길을 설명해 보세요. – p 253

**31-2** 잠언의 중요성은 무엇에 있습니까? – p 254

**31-3** 잠언 속에 나타나는 3대 의무는 무엇입니까? – p 254

인위뚝! 신위GO!

**31-4** 잠언은 삶에서 가장 중요한 것이 무엇이라고 합니까? – p 255

**31-5** 지혜는 여호와를 경외하는 데서 옵니다. 그렇다면 어떻게 하는 것이 경외입니까? – p 255

---

🌷 *말씀이 삶이 되는 하루‥ 31 일째*

- 잠언은 통독으로 읽어 넘기기에는 너무 진지한 책입니다. 모두 31장으로 된 책이라 하루에 한 장씩 묵상하며 읽으면 한 달이 걸립니다. 그렇게 1년 12달을 한 번 진지하게 잠언을 읽어보세요. 무슨 일이 어떻게 벌어질까요? 하나님의 엄청난 역사가 있을 것입니다.

- 잠언의 핵심 구절은 1:7 "여호와를 경외하는 것이 지식의 근본이거늘…"이라고 했습니다. 우리 존재의 근원이

라는 말입니다. 그런데 우리는 여호와를 아는 지식보다 더 높아진 지식이 우리의 근본이 되고 있는 현실을 고후 10:4-5과 함께 묵상하고 반성해 보세요.

- 하나님이 내 삶의 근원이 되는 하루를 살고 난 기쁨과 좌절을 기록해 보세요. (전리품 찾기) 하나님이 주인 되시는 나, 가정, 교회, 일터, 나라와 열방을 위해 기도합시다.

• 전리품 기록노트는 각 주차 끝에 있음.

*삶의 흔적을 기록하기*

오늘의읽을분량

잠 17~22:16
아 1~8장

🕐 **32일차 요약** 솔로몬은 천 가지가 넘는 노래를 지었는데 그 많은 노래들 가운데 성경에 기록된 노래들 중의 노래가 아가서입니다. 아가서는 솔로몬 왕과 그가 포도원에서 왕궁으로 데리고 온 술람미 하녀 간에 있었던 사랑을 묘사한 노래입니다. 이 술람미 여인은 자신에게 속한 포도원을 지키는 햇볕에 까맣게 그을린 포도원 지기였습니다. 솔로몬은 이런 술람미 여인을 사랑하여 자신의 신부로 맞이하는 내용을 시적인 언어로 표현합니다.
아가서는 솔로몬 왕과 술람미 하녀와의 사랑을 통해 결혼을 통한 부부의 순수하고 아름다운 관계를 기록한 것입니다. 부부의 사랑은 둘 만의 것으로 상대방에게 각자는 비밀스런 포도원과 같습니다. 그런데 이 포도원 안에는 언제나 그 두 사람의 사랑의 관계를 깨뜨릴 수 있는 작은 여우의 위험이 있기에 두 사람은 그 관계가 온전히 유지되도록 두 오해의 소지들을 경계해야 합니다.
이처럼 아가서는 솔로몬 왕과 술람미 여인과의 사랑 이야기를 역사적인 줄거리로 가지고 있지만 한 걸음 더 나아가서 여호와 하나님과 그 분의 언약 백성에 대한 사랑과 그리스도와 그 분의 신부된 교회에 대한 사랑을 암시해주는 노래들 중의 최고의 사랑 노래라고 볼 수 있습니다.

# 아가

**32-1** 아가서는 어느 절기 때 읽는 책입니까? - p 257

**32-2** 아가서에서 보여주고 있는 것은 무엇입니까? - p 257

**32-3** 예표적 해석은 아가서를 어떻게 이해합니까? - p 258

**32-4** 아가서가 보여 주는 사랑은 무엇입니까? - p 258

🌷 *말씀이 삶이 되는 하루·· 32 일째*

• 남녀의 순수하고 아름다운 사랑 이야기는 성경에 기록될 만큼 소중하다는 것입니다. 그러면서 그 사랑은 둘만의 것으로 남아야 합니다. 상대방에게 각자는 비밀스런 포도원이 있습니다. 작은 여우를 경계해야 합니다. 진정한 사랑은 큰 것보다 작은 것으로 허물어질 수 있습니다.

• 내 사랑의 관계를 파괴하는 작은 여우가 무엇인지 찾아 보고 그 여우를 없애도록 하세요.

• 그 작은 여우를 없애려는 하루를 살고 난 기쁨과 좌절을 기록해 보세요. (전리품 찾기)
하나님이 주인 되시는 나, 가정, 교회, 일터, 나라와 열방을 위해 기도합시다.

• 전리품 기록노트는 각 주차 끝에 있음.

*삶의 흔적을 기록하기*

인위뚝! 신위GO!

오늘의읽을분량

전 1~12장

🕐 **33일차 요약**    솔로몬은 그가 왕으로 누릴 수 있는 모든 부귀영화를 경험해 본 이후 그의 인생의 후반에 기록한 전도서를 통해 하나님이 없는 인생이 얼마나 허망한가 하는 철학적인 내용을 전도서를 통해 기록했습니다. 해 아래서 하나님이 없는 인간의 배움, 수고, 쾌락, 철학, 부귀, 지혜, 성공, 명성 등이 일시적으로 유익할 수는 있으나 영원한 하나님 나라의 관점에서 보았을 때는 그 모든 것이 궁극적 목적이 없는 헛된 것임을 말씀합니다.

또한 솔로몬은 전도서를 통해 모든 만물에는 때가 있음을 알게 합니다. 하나님께서 모든 것을 지으시되 때를 따라 아름답게 하셨고 또 사람들에게는 영원을 사모하는 마음을 주셨다고 기록합니다. 그러나 해 아래서의 인간의 지혜는 유한하여 하나님의 시기와 때를 다 알지 못하는 존재임을 인정하고 이 땅에서 자신에게 주어진 일에 힘을 다해 수고하며 하나님께서 허락하신 분복을 정직하고 겸손히 누릴 것을 조언합니다.

결국 노년의 솔로몬은 전도서를 통해 마치 한 편의 참회의 설교처럼 하나님이 없는 인생은 아무리 많은 것을 이 땅에서 소유하고 쾌락을 누린다 할지라도 하나님 앞에서 기록할 것이 없는 무의미하고 허망한 것뿐임을 강조합니다. 가장 놀라운 지혜는 하나님을 경외하고 그 분의 명령을 지키는 삶에 있다고 말씀합니다. "너는 청년의 때에 너의 창조주를 기억하라"(전12:1) "일의 결국을 다 들었으니 하나님을 경외하고 그의 명령들을 지킬지어다 이것이 모든 사람의 본분이니라"(전12:13).

# 전도서

**33-1**  전도서의 핵심단어는 무엇입니까?  – p 259

**33-2**  전도서에서 말하는 헛됨의 궁극적 이유는 무엇입니까? – p 259

**33-3**  헛수고의 삶을 살았던 시몬(베드로)의 고백을 들어봅시다.  – p 260

**33-4**  허무주의의 원인과 처방은 무엇입니까? – p 260

**33-5**  하나님 없이 나에게 초점을 맞춘 노력들은 결국 어떤 결과들을 초래합니까? – p 260

**33-6**  전도서 12장 초반에서 강력하게 권면하고 있는 것은 무엇입니까? – p 261

▶ "해 아래의 삶"은 인간들의 세속적 가치관으로 살아가는 삶입니다.

"아들 아래서의 삶"은 하나님 가치관으로 살아가는 삶입니다.

창 2:7에 인간은 흙과 하나님의 생기로 지어진 존재라고 했습니다.

우리는 "아들 아래에서의 삶"을 살 때 "해 아래서의 삶"이 가치가 있다는 사실을 늘 명심해야 합니다.

🍇 **말씀이 삶이 되는 하루·· 33 일째**

• 사람은 흙 + 하나님의 생기로 되어있다(창 2:7)는 사실을 기억하고, 그러므로 하나님과 함께하는 삶을 살아 갈 때 인간의 참 가치를 찾을 수가 있습니다.

• "아들 아래서의 삶"이 곧 하나님의 생기의 삶입니다. '신위 Go'의 삶이라는 것입니다.

• 그 "아들 아래서" 하나님의 생기로 하루를 살고 난 기쁨과 좌절을 기록해 보세요. (전리품 찾기)
하나님이 주인 되시는 나, 가정, 교회, 일터, 나라와 열방을 위해 기도합시다.

• 전리품 기록노트는 각 주차 끝에 있음.

삶의 흔적을 기록하기

인위뚝! 신위GO!

**⏱ 34일차 요약**  역대기에서는 열왕기서와는 달리 이스라엘 나라의 정통성을 남방 유다에게 두고 다윗왕과 그의 후손들 그리고 성전과 예배중심의 역사를 기록하고 있습니다. 솔로몬의 40년의 통치기간 중에서도 성전을 건축한 내용을 중심에 두고 기록합니다.

솔로몬은 예루살렘에 성전을 건축하고 본전의 가장 안쪽 지성소 그룹들의 날개 아래에 여호와의 언약궤를 안치합니다. 7년에 걸친 성전 건축 후에 솔로몬은 성전 낙성식을 거행하고 회중을 향하여 다윗 언약의 내용을 중심으로 기도합니다. 이스라엘이 죄를 범해 하나님께 징계를 받을지라도 후에 그들이 하나님의 언약을 기억하고 성전으로 돌아와 죄를 자복하고 간구하면 용서해주시고 회복시켜주시길 기도합니다.

혹 이방인들이라 할지라도 예루살렘 성전을 찾아와 하나님을 찾고 기도하면 그들도 이스라엘 백성들처럼 하나님을 알고 경외하게 해달라고 간구합니다. 땅의 모든 족속이 아브라함의 후손들을 통해 복을 받게 되리라는 말씀이 다윗언약을 지나 솔로몬의 성전낙성식 기도의 내용의 중심에도 계속적으로 이어지고 있습니다. 실제로 솔로몬이 지은 성전에는 지성소와 성소뿐만 아니라 이방인들도 와서 기도할 수 있는 이방인의 뜰이 있었습니다.

📖 **오늘의 읽을분량**

대하 1~9장

# 역대기하

**34-1**  역대하가 다루고 있는 역사는 어디부터 어디까지입니까? – p 263

**34-2**  역대기의 핵심단어는 무엇입니까? – p 263

**34-3**  포로 귀환 시기에 자라기 시작한 메시야 대망 사상의 영향은 어떻게 나타났습니까? – p 264

**34-4**  역대기 저자가 포로 생활에서 돌아온 백성들에게 알려 주고자 한 것은 무엇입니까? – p 264

**34-5**  솔로몬의 생애에서 부각되는 내용은 무엇입니까? – p 264

👊 *말씀이 삶이 되는 하루‥ 34 일째*

• 역대기 역사에서 하나님의 구속의 역사는 시내산 언약에 이어 다윗 언약을 이루어 가시는 유다 왕국을 다스리시는 하나님을 만납니다.

• 하나님은 개인의 삶 뿐만 아니라 역사까지도 하나님의 방법(신위)로 이루어 가심을 명심하십시오. 그래서 우리는 인위를 늘 내려놓아야 합니다.

• 인위를 내려놓으며 하루를 살고 난 기쁨과 좌절을 기록해 보세요. *(전리품 찾기)*
하나님이 주인 되시는 나, 가정, 교회, 일터, 나라와 열방을 위해 기도합시다.

• 전리품 기록노트는 각 주차 끝에 있음.

# 07 분열 왕국 시대

아래 지도로 분열 왕국 시대까지 줄거리를 말해 보세요.

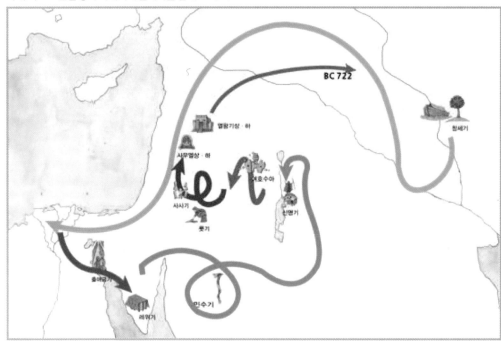

※ 부록의 "남북 왕조"와 "분열왕국 시대 왕과 선지자"의 도표를 참조하여 왕들의 약전을 공부하세요.

🕐 **35일차 요약**　통일왕국 초기부터 이스라엘과 유다지파 사이에 있었던 반목은 솔로몬 말기에 이르러 백성들의 과중한 세금에 대한 부담으로 더욱 악화됩니다. 솔로몬의 아들 르호보암은 원로들의 지혜를 무시하다가 이스라엘 10지파의 원성을 크게 사서 결국 이스라엘 10지파가 따로 갈라져 나가게 됨으로 통일왕국 시대는 끝나게 되고 분열왕국 시대가 시작됩니다. 북이스라엘의 왕 여로보암은 이스라엘의 이십 세 이상의 남자들이 예루살렘에 있는 성전으로 1년에 세 번씩 가서 예배드리는 일을 막기 위해 벧엘과 단에 금송아지 산당을 만들고 레위지파가 아닌 보통 사람을 제사장으로 삼고 자기 마음대로 정한 달을 절기로 정합니다. 이 처럼 여로보암은 하나님의 말씀을 떠나고 우상을 숭배하는 악한 왕의 모델이 되어 그 이후의 북이스라엘의 모든 왕들이 따라가고야 마는 여로보암의 길을 만들어 냅니다.

한편으로 남유다의 르호보암 역시 우상숭배를 허용하는 죄를 범합니다. 이로 인해 여로보암과 르호보암 사이에는 전쟁이 끊이지 않는 긴장관계가 계속됩니다. 그러나 르호보암의 아들 아비야 왕과 그 뒤를 이은 아사 왕은 다윗 왕을 그들이 따라야 할 왕의 모델로 삼습니다. 따라서 그들은 유다 백성들에게 그 조상들의 여호와를 찾게 했고, 율법과 명령을 행하는 구별된 삶을 살도록 하여 다윗의 길을 따라 통치한 왕으로 인정을 받습니다.

**35-1** 왕국이 분열된 원인은 무엇입니까? - p 280

**35-2** 10지파의 원성이 악화된 계기는 무엇입니까? - p 281

인위뚝! 신위GO!

**35-3** 반란을 일으킨 여로보암이 선택한 종교정책은 무엇입니까? - p 281

**35-4** 여로보암의 자기중심적 인위 정책에 대한 하나님의 선언은 무엇입니까? - p 281

---

🌷 *말씀이 삶이 되는 하루‥* 35*일째*

• 통일 왕국의 분열은 솔로몬의 실정(과다한 노역과 세금 부과)과 하나님 보시기에 악(우상숭배 허용)을 통해 하나님의 심판의 결과였습니다. 왜 하나님이 진노하실까요?

• 나의 매일의 삶도 구별된 삶을 살아 내지 못하면 하나님의 심정이 어떠하실까를 묵상해 봅시다.

• 구별된 하루를 살고 난 기쁨과 좌절을 기록해 보세요.
(전리품 찾기)
하나님이 주인 되시는 나, 가정, 교회, 일터, 나라와 열방을 위해 기도합시다.

• 전리품 기록노트는 각 주차 끝에 있음.

*삶의 흔적을 기록하기*

# 36일

**오늘의 읽을 분량**

왕상 17~22장
대하 17~20장

🕐 **36일차 요약**  북이스라엘은 아합 왕 때에 이르자 여로보암의 길로 행할 뿐만 아니라 시돈 사람의 왕 엣바알의 딸 이세벨을 아내로 삼아 바알 종교의 우상숭배의 수준이 국교화 되는 수준에 이르게 됩니다. 하나님께서는 이때에 선지자 엘리야를 보내십니다. 엘리야는 갈멜산에서 홀로 이스라엘의 왕궁의 녹을 먹는 바알과 아세라 선지자 850명과 맞서 바알과 하나님 중 누가 과연 살아계신 참 신인가를 놓고 대결합니다. 하나님께서는 불을 내려 그 분이 참 신이심을 증명하셨습니다. 이스라엘 왕궁에 바알 우상을 들여와 바알종교를 강화시켰던 아합 왕은 결국 선지자의 경고를 끝내 무시하고 아람과의 전쟁에 나가 죽임을 당하게 됩니다.

이에 반해 동시대의 남유다의 여호사밧 왕은 아버지 아사 왕의 종교개혁 정신을 계승하여 다윗의 길로 행합니다. 여호사밧 왕은 유다 사방에 제사장과 레위인들을 보내 여호와의 율법을 백성들에게 가르치게 하고 하나님을 온전히 의지하게 합니다. 따라서 여호사밧 때에는 하나님께서 유다 사방의 주변국들의 공격을 막아주시고 유다의 국력도 신장됩니다. 그러나 여호사밧은 그동안 긴장관계에 있었던 북이스라엘과 친선관계를 맺기 위해 영적으로 타락한 아합 왕과 교류를 맺어 하나님의 책망을 받고 남유다에도 바알 우상이 들어오는 기회의 문을 열어줍니다.

**36-1** 선지자의 두 부류는 무엇입니까? - p 282

## 엘리야

**36-2** 엘리야가 주로 활약한 시대는 언제이고, 시대 상황은 어떻습니까? - p 282

**36-3** 하나님께서 엘리야를 통해 갈멜산에서 선포하신 메시지는 무엇입니까? - p 282

**36-4** 갈멜산에서 승리한 결과 엘리야에게 닥친 일은 무엇입니까? - p 283

▶엘리야가 왜 이렇게 처절하게 절망하고 있을까요?(왕상 19:10 참조) - p 283

**36-5** 열왕기상은 누구의 죽음으로 끝이 납니까? (왕상 22:34) - p 284

---

✊ *말씀이 삶이 되는 하루·· 36 일째*

• 갈멜산의 기우제를 통해 참 예배와 잘못된 예배를 묵상하세요. 1) 진정한 예배는 계시된 진리에 대한 응답이다. 예배의 주체가 누구인가가 매우 중요하다(왕상 18:21). 2) 예배의 주체가 잘못되면 자기만족을 위한 예배를 드리게 된다(왕상 18:25-29). 3) 예배의 주체가 하나님(내가 만든 하나님이 아니라 성경에 계시된 하나님)이라면 그 하나님이 원하시는 합당한 방법으로 예배를 드려야 하고 그런 예배는 하나님이 응답하신다(왕상 18: 30-40).

• 이것을 통해서 나의 예배는 어떤 모습일까를 반성해 보세요.

• 예배하는 마음으로 하루를 살고 난 기쁨과 좌절을 기록해 보세요. (전리품 찾기)
하나님이 주인 되시는 나, 가정, 교회, 일터, 나라와 열방을 위해 기도합시다.

● 전리품 기록노트는 각 주차 끝에 있음.

인위뚝! 신위GO!

# 통통 90일 성경일독 전리품 보물 창고

## 제31일차 ~ 36일차

통통의 핵심 정신은 '인위(자기중심성)' 뚝! 신위 GO!입니다. 우리는 말씀 앞에서 자기중심성을 뚝 꺾고 신위 GO한 결과를 '전리품'이라고 합니다. 이 전리품들은 결국 우리의 삶의 변화로 나타나고, 또한 궁극적인 하나님 나라에까지 연결되는 것이기에 하늘의 보물 창고에 쌓는 연습을 위해 매주 '보물 창고'에 기록할 것입니다.

*(                    )조    *이름 : (                    )

| 읽은 성경 범위 : | 읽은 일 : 20      년      월      일 |
| --- | --- |

**보물창고 샘플**

---

● 6주: 대하 15:2.. "그가 나가서 아사를 맞아 이르되 아사와 및 유다와 베냐민의 무리들아 내 말을 들으라. 너희가 여호와와 함께 하면 여호와께서 너희와 함께 하실지라 너희가 만일 그를 찾으면 그가 너희에게 만나게 되시려니와 너희가 만일 그를 버리면 그도 너희를 버리시리라."
나 스스로 문제 해결을 해보려다 상처받고... 반복적으로 해오던 것이 하나님 앞에 나의 문제를 내려 놓고 하나님께 구하고 의지함으로 하나님의 은혜 속에 나의 가정이 회복됨을 봅니다. 하나님께서 계속해서 나 자신부터 변하라는 말씀 속에 인위의 삶에서 신위의 삶으로 바꿔 나가려 하는 나를 하나님은 잊지 않으시고 응답해 주셨습니다.
나의 변한 모습 속에 남편의 맘이 조금씩 열리고 닫았던 하나님과의 관계를 다시 새롭게 시작하려 하는 모습에서 살아계신 하나님께 감사하며 언제나 말씀과 찬양이 넘치는 그런 가정이 될 수 있길 기도합니다.

열왕기하를 통해서 남북 왕조의 타락상을 읽으면서 선지자들의 활약상을 보게 됩니다. 여기서부터 선지자 시대가 본격적으로 시작됩니다. 우리는 이 시점에서 왜 선지자들이 나타나게 되는가를 분명히 알아야 성경을 통전적으로 이해하게 됩니다. 선지자들의 외침은 "하나님과 바른 관계"와 "이웃과의 바른 관계"의 회복에 초점이 맞추어져 있음에 유의해야 합니다. 그것을 우리는 "제사장 영성"과 "선지자 영성"으로 구별합니다. 이런 "관계"와 "영성"은 곧 십계명의 영성을 바탕으로 하고 있습니다. 십계명은 시내산 언약을 맺음으로 주어진 것임을 상기해야 합니다. 이 시내산 언약은 구속역사의 실행이고, 하나님 나라를 이룸에 그 이유가 있고, 그것은 "하나님과 바른 관계", "이웃과 바른 관계"가 회복됨으로 이루어지기 때문입니다. 하나님은 이 두 가지를 이루시기 위해서 시내산 언약을 맺고 십계명을 주신 것입니다. 그러나 이 분열 왕국 시대는 우상 숭배가 극에 달했고, 사회정의는 땅에 떨어졌고, 그 결과 시내산 언약은 무용지물이 되게 되었습니다. 시내산 언약의 파기는 하나님의 구속의 역사의 실패를 의미합니다. 그래서 하나님은 선지자를 보내어 남 북 왕조가 시내산 언약의 약속으로 돌아오게 하시는 것입니다. 그래서 "하나님과의 바른 관계 회복"을 말하는 "제사장 영성"과 "이웃과의 바른 관계 회복"을 말하는 "선지자 영성"이 선지서의 핵심 메시지입니다. 선지서의 내용 구조는 1)기소 2) 심판 3)교훈 4)회복으로 되어 있습니다.

## 37일

**년 월 일**

**오늘의읽을분량**
**왕하 1~12장**

**⏱ 37일차 요약**   하나님께서는 분열왕국 시대에 북이스라엘의 오므리 왕조(오므리, 아합, 아하시야, 여호람)가 다스리는 동안 엘리야와 엘리사 두 행동 선지자를 통해 많은 기적을 행하게 하심으로 그들이 하나님께서 그 시대의 특별한 사명을 위해 보내신 자들임을 나타내십니다. 하나님께서는 그 선지자들의 입을 통하여 이스라엘이 패역한 우상숭배에서 떠나 시내산 언약으로 돌아올 것을 촉구하십니다. 그러나 아합과 이세벨 왕궁은 바알숭배를 거의 국교화하는 수준에 이르고 결국 하나님께서는 엘리야에게 말씀하신대로 예후를 일으켜 아합의 후손들과 그의 집에 속한 모든 자들을 심판하십니다. 한편 남유다의 왕들은 여호사밧 왕이 아합 왕과 친선관계로 접어들면서 여호사밧의 아들 여호람 왕 때에 가서는 급기야 북이스라엘의 아합의 딸 아달랴를 아내로 맞이하여 남유다 왕궁에도 아합 가문의 우상숭배가 흘러 들어오게 됩니다. 여호람의 아들 아하시야도 연이어 자신의 어머니 아달랴의 영향을 벗어나지 못합니다. 아달랴는 자신의 아들 아하시야가 죽자 자신의 손자들을 다 죽이고 자신이 남유다의 왕으로 6년을 통치하며 남유다에 바알종교를 심고 다윗의 후손의 씨를 멸절하려고 시도합니다. 그러나 하나님께서는 이러한 상황 가운데 아하시야의 아들 요아스 왕자가 죽임을 당하지 않고 유일하게 살아남게 하셔서 아달랴 이후에 다시 남유다에 다윗의 왕조를 극적으로 이어가게 하십니다.

# 열왕기하

# 엘리사

인위뚝! 신위GO!

- 하나님께서 왕들을 평가하는 기준으로 나를 평가한다면 어떤 결과가 나올까요?

- 오늘 하루를 하나님의 평가 기준에 합당한 삶을 실행해 보세요.

- 그런 하루를 살고 난 기쁨과 좌절을 기록해 보세요. (전리품 찾기)

  하나님이 주인 되시는 나, 가정, 교회, 일터, 나라와 열방을 위해 기도합시다.

  • 전리품 기록노트는 각 주차 끝에 있음.

삶의 흔적을 기록하기

# 38일

년    월    일

## 오늘의 읽을 분량

대하 21:1~22:9
왕하 13~14장
대하 22:10~25장
욘 1~4장
암 1~9장

🕐 **38일차 요약**  구약 성경의 15명(예레미야가 2권을 씀)의 기록 선지자는 각자의 시대적 상황을 배경으로 하나님께로부터 임한 말씀을 대언했습니다. 요나는 니느웨 성에 가서 하나님의 심판을 알리고 그들이 회개 하도록 하라는 하나님의 명을 받았지만 불순종합니다. 물고기 배 속에서의 회개를 통해 다시 기회를 얻고 니느웨에 가서 하나님의 말씀을 전하자 그 성은 회개합니다. 요나는 하나님께서 이스라엘 나라를 선택하신 것이 모든 민족을 위함이라는 하나님의 넓은 심장을 왜곡하여 강퍅한 마음을 품지만 결국 하나님께서는 요나에게 주신 사명을 이루는 과정을 통해 이스라엘을 제사장 나라로 부른 하나님의 궁극적 마음이 무엇인지를 알게 하십니다.

하나님께서는 양치는 목자였으며 부농이었던 아모스를 선지자로 부르십니다. 그 당시 이스라엘은 여로보암 2세가 경제적 번영을 이끈 때였지만 바산의 암소들로 표현되는 부유한 자들의 타락과 가난한 자들에 대한 무관심과 억압이 만연해 있었습니다. 아모스는 하나님께서 예언하신 다섯 가지 재난에 대해 간절한 중보기도를 통해 이스라엘에 메뚜기 재앙과 불의 심판을 돌이키도록 했습니다. 그러나 하나님께서는 이스라엘 백성들을 말씀의 다림줄로 측정하셔서 무르익은 여름과일처럼 썩게 된 죄악에 대해 심판을 선언하십니다. 한편 하나님께서는 그 심판 이후에 다윗의 무너진 장막을 다시 세우고 이스라엘을 옛적같이 회복시켜주실 것을 예언하십니다.

**38-1** 엘리사가 자기 제자에게 지시한 것은 무엇입니까? - p 288

**38-2** 기름부음 받은 후 예후가 한 일은 무엇입니까? - p 288

**38-3** 극심한 바알숭배자 아합의 집과 섞인 다윗 왕조에게 최고의 위협적 사건은 무엇입니까? - p 289

## 선지서를 읽기 위한 정지작업 - p 289-293

**38-4** 선지서를 읽을 때 그 시대적 배경을 알아야 하는 이유는 무엇입니까? - p 290

**38-5** 선지자는 무엇을 하는 사람입니까? - p 290

**38-6** 선지자들이 전하는 대언의 초점은 무엇입니까? - p 291

**38-7** 구약의 2가지 영성은 무엇입니까? - p 291
　　　제사장적 영성과 선지자적 영성

**38-8** 선지자들이 지적하는 백성들의 죄악상은 무엇입니까? - p 293

## 분열왕국 시대 선지서들

# 요나

# 아모스

🤟 *말씀이 삶이 되는 하루·· 38일째*

• 아모스의 시대적 상황을 보았습니다. 오늘날은 이런 상황과는 다른 것인가요?

• 교회는 아직도 이 세대의 아모스를 찾고 있나요? 내가 그 아모스가 될 수는 없을까요?

• 이 시대의 아모스로 하루를 살고 난 기쁨과 좌절을 기록해 보세요. (전리품 찾기)
하나님이 주인 되시는 나, 가정, 교회, 일터, 나라와 열방을 위해 기도합시다.

• 전리품 기록노트는 각 주차 끝에 있음.

🕐 **39일차 요약**    북이스라엘은 초대왕 여로보암왕 이후 210년을 존속했습니다. 여로보암이 베델과 단에서 송아지 숭배를 시작한 이래 아합 가문의 극심한 바알 숭배 그리고 그 뒤를 이은 예후왕조의 아합 가문에 대한 대 숙청을 겪으며 이스라엘 역사의 큰 덩어리가 일단락됩니다. 그 이후 스가랴 왕부터 멸망 때까지 약 30년간 여러 왕들은 연이어 죽임을 당하고 므나헴 왕 때 이르러는 앗수르에게 거액의 조공을 바치는 신세로 전락합니다. 마지막 호세아 왕 때에 결국 앗수르의 공격에 의해 결국 멸망을 당합니다(722 BC). 이러한 시대적 배경에서 선지자 호세아는 음란한 여인 고멜과 결혼하여 세 자녀를 낳습니다. 에브라임으로 대표되는 이스라엘 백성은 하나님과의 언약을 깨뜨리고 우상숭배를 원했습니다. 하나님께서는 일찍이 애굽에서 그들을 구속하셔서 언약을 맺고 친히 남편이 되셨음에도 불구하고 그들은 앗수르와 애굽을 의지하여 영적인 간음을 범했습니다. 하나님께서는 하나님을 아는 지식이 없이 헛된 예배를 드리며 하나님을 떠난 이스라엘 백성에게 말씀으로 여호와께로 돌아올 것을 호소하십니다. 간음하는 아내를 위해 대속물을 지불하고 다시 찾아오는 호세아 선지자의 심정을 통하여 우상 숭배하는 이스라엘 백성으로 인해 상처받는 하나님의 뼈아픈 마음을 전달하십니다.

**39-1** 북이스라엘의 멸망 직전에 있던 왕들은 누구입니까?
　　　　같은 시기 남유다 왕국의 왕들은 누구이며 기간은 몇 년입니까?  – p 300

**39-2** 웃시야 왕의 초기와 말기의 차이점과 그 원인은 무엇입니까? – p 300

# 호세아

**39-3** 호세아 선지자가 사역을 시작한 시기는 언제이며, 핵심 주제는 무엇입니까? – p 300

**39-4** 호세아 선지자 사역 당시 정치, 사회, 종교적 상황은 어떠했습니까? – p 301

**39-5** 호세아의 자녀들의 이름을 통해 전달하고자 하는 메시지는 무엇이며,
　　　　하나님께서 이렇게 하시겠다는 이유는 무엇입니까?  – p 303

**39-6** "제사보다 인애를, 번제보다 하나님 아는 것을 원하신다"는 것은
　　　　결국 어떤 삶을 요청하시는 것입니까?  – p 303

**39-7** 하나님은 왜 순종을 요구하십니까? – p 303

**39-8** 이스라엘 백성들은 왜 그토록 우상을 섬기고 있습니까?  – p 304

인위뚝! 신위GO!

**39-9** 백성들의 우상숭배 중독증을 바라보는 하나님의 외침은 무엇입니까? - p 305

**39-10** 풍요는 하나님을 잊게 합니다. 그 결과 나타나는 태도들은 무엇입니까? - p 305

**39-11** 이스라엘은 멸망이 코앞에 와 있는데도 행하지 않은 것이 있습니다. 그것이 무엇입니까?
(호 10:3-4 참조) - p 306

---

🌷 *말씀이 삶이 되는 하루‥ 39 일째*

• 호세아 12장을 신명기 8:12-20과 관련해서 읽고 깊이 묵상해 보세요. 부유함의 상황이 왜 신앙생활에 걸림돌이 될 수 있다고 생각하십니까?

• 내 삶속에는 이런 모습은 없는지 잘 분석하고 반성해 보세요.

• 하나님의 은혜를 추구하며 하루를 살고 난 기쁨과 좌절을 기록해 보세요. (전리품 찾기)
하나님이 주인 되시는 나, 가정, 교회, 일터, 나라와 열방을 위해 기도합시다.

• 전리품 기록노트는 각 주차 끝에 있음.

*삶의 흔적을 기록하기*

# 40일

년    월    일

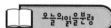

**오늘의읽을분량**

사 6장
사 1~5장
사 7~10:4
사 17장
사 14:24-32

🕐 **40일차 요약**   이사야 선지자는 남유다의 히스기야 왕 때에 크게 활동했습니다. 그의 메시지는 북이스라엘과 남유다뿐만 아니라 그 주변국들을 포함한 온 세계의 심판과 구원의 주권이 오직 하나님께 있음을 강조합니다. 이사야는 특히 북이스라엘과 남유다가 제사의 형식은 유지하고 있으나 그들의 여호와 신앙은 이미 마음이 떠났음을 지적하셨습니다. 이에 대해 하나님께서는 그 당시 큰 제국이었던 앗수르를 이스라엘의 심판을 위한 잔혹한 막대기로 사용하실 것을 예언하십니다. 또한 이사야는 이렇게 임박한 심판을 예언하는 동시에 무려 700년 뒤에 일어날 예수 그리스도의 탄생을 함께 예언합니다. 유다의 악한 아하스왕 때에 이사야는 장차 예수 그리스도가 동정녀의 몸에서 태어날 것을 예언합니다. 또한 예수께서 다윗의 언약을 따라 이 땅에 오셔서 구약의 스불론과 납달리 땅 즉 이방의 갈릴리에서 사역하실 것까지 예언합니다.
이사야서는 장차 구원자로 오실 임마누엘의 하나님 예수 그리스도를 묘사합니다. 그의 이름은 기묘자, 모사, 전능하신 하나님, 영존하시는 아버지, 평강의 왕으로 장차 오실 메시야의 특성을 말씀합니다.

# 이사야

▶북왕국이 망하고 이제 유다 잔존 시대로 접어듭니다.
이 시대의 역사적 요약을 인도자 지침서 부록에서 참고하세요.

**40-1** 이사야가 선포한 메시지는 무엇이며, 사역 기간은 언제까지 입니까? - p 308

**40-2** 이사야를 부르실 때의 정치적 상황은 어떠했습니까?(왕하 15장 참조) - p 309

▶이사야 6장에서 예배의 4요소의 의미를 파악해 보세요. - p 310

**40-3** 이사야 활약 당시의 시대적 특성은 무엇입니까? (사 1~5장 참조) - p 310

▶회개의 본질적 열매가 어떻게 나타나야 한다고 했습니까? - p 310

▶5장의 내용은 무엇입니까? 구속하시는 하나님의 마음으로 그 의미를 파악하세요.- p 311

**40-4** 아하스가 아람-에브라임과의 전쟁시 이사야의 권면에 대해 어떻게 대응합니까? - p 311
　　　(사 7~12장 참조)

인위뚝! 신위GO!

**40-5** 열방을 향한 심판 선언은 결국 무엇을 의미합니까?(사 13~27장 참조) – p 312

---

🐻 *말씀이 삶이 되는 하루… 40 일째*

- 이사야 6장을 통해서 바른 예배의 4가지 요소와 그 의미를 공부했습니다.

- 내 개인의 예배와 교회에서 드리는 공동예배(cooperate worship)가 이 4가지의 요소로 구성된 예배를 드리면서 하나님과 바른 관계가 회복되고 확인되는 은혜를 체험합니까?

- 바른 예배적 자세로 하루를 살고 난 기쁨과 좌절을 기록해 보세요. (전리품 찾기)
  하나님이 주인 되시는 나, 가정, 교회, 일터, 나라와 열방을 위해 기도합시다.

  • 전리품 기록노트는 각 주차 끝에 있음.

*삶의 흔적을 기록하기*

# 41일

**오늘의읽을분량**

왕하 16:10-20
미 1~7장
대하 27~28장
왕하 17:1-4
사 28~29장
왕하 17:5-41
사 10:5-12장

**⏱ 41일차 요약**    미가는 이사야와 동시대의 선지자입니다. 미가는 북이스라엘이 앗수르에 의해 망해가는 과정을 바라보며 북이스라엘을 향한 마지막 선지자로 또한 동시에 남유다를 향해서도 예언했습니다. 특별히 미가는 이스라엘과 유다의 지도자들과 삯군 제사장들과 거짓 선지자들의 불법에 대해 고발합니다. 권력과 부를 잘못 사용하여 결국 그 땅에 심판이 임박했음을 알립니다. 그러나 그는 임박한 심판과 함께 또한 회복의 메시지도 선포합니다. 심판으로 인해 포로로 잡혀갔던 자들 중에 남은 자들이 예루살렘으로 다시 돌아오게 될 것입니다. 또한 베들레헴에서 영원 전 부터 계셨던 참 왕이 이스라엘을 다스리기 위해 나오실 것입니다.

미가 선지자는 결론적으로 진실된 마음 없이 종교의식에만 머물러있는 이스라엘을 향해 권력과 부를 가난한 자와 약자들을 위해 사용하는 정의로운 삶을 회복하라고 경고합니다. 하나님의 백성들이 공의를 행하며 인자를 사랑하며 겸손히 하나님과 동행하는 삶을 회복할 것을 요구합니다. 그리고 미가 선지자는 다시 여호와 하나님의 구원을 간절히 기도합니다. 이스라엘을 불쌍히 여기시고 우리의 모든 죄악에 대한 진노를 당하게 하시지만 끝내 우리의 불의를 깊은 바다에 던져주시고 광명에 이르게 하실 여호와 하나님의 인애를 바라봅니다.

▶왕하 16:10-20은 이 시대적 상황을 잘 보여 주고 있습니다.
아하스는 하나님의 성전에 앗수르의 우상을 설치하는 악행을 저지르고 있습니다. - p 314

# 미가

**41-1** 미가의 사역 시기와 장소는 어디입니까? - p 314

**41-2** 미가 선지자 당시의 사회상은 어떠했습니까? - p 314

**41-3** 이런 사회를 향한 미가의 메시지는 무엇입니까? - p 315

▶미가를 통해서 배우는 구별된 삶의 모습은 어떤 것인가요?
나와 내 주위에서 그런 것들을 발견하고 반성해 보세요.. - p 315

**41-4** 미가를 통해 하나님이 원하시는 것은 무엇입니까? - p 316

**41-5** 호세아 왕의 인위의 결과는 무엇입니까? - p 316

**41-6** 하나님은 왜 타락한 이스라엘을 심판하기 위해 더 악한 앗수르를 사용하십니까? - p 317

인위뚝! 신위GO!

🌷 *말씀이 삶이 되는 하루… 네 일째*

• 미가 6:8을 통해서 하나님께서 내가 어떻게 살기를 원하시는지 묵상하십시오.

• 그 중 오늘 하루 실천할 부분을 정하고 기도하며 실행해 보세요.

• 그렇게 하루를 살고 난 기쁨과 좌절을 기록해 보세요.
(전리품 찾기)

하나님이 주인 되시는 나, 가정, 교회, 일터, 나라와 열방을 위해 기도합시다.

• 전리품 기록노트는 각 주차 끝에 있음.

*삶의 흔적을 기록하기*

# 42일

년    월    일

**오늘의읽을분량**

왕하 18:1-12
잠 25~29장
사 15~16장
사 18~20장
사 22:15-25
사 30~32장
왕하 20:1-19
사 38~39장
왕하 18:13~19장

🕐 **42일차 요약**   이스라엘은 호세아 왕을 마지막으로 앗수르에 의해 멸망당했습니다. 앗수르의 세력이 점점 강성해지자 유다는 애굽의 도움을 의지했습니다. 이사야 선지자는 애굽을 신뢰하는 것은 여호와를 반역하는 일이며 무익하고 헛된 일임을 말씀했습니다.

이렇게 북이스라엘의 국경선이 무너지자 유다의 히스기야 왕은 풍전등화의 상황에 놓이게 되었습니다. 위기에 처한 히스기야 왕은 애굽을 비롯한 주변국들과 동맹을 맺어 앗수르를 대적했습니다. 그러나 앗수르의 산헤립이 유다를 공격하고 유다백성들 앞에서 공개적으로 하나님을 모독했을 때 히스기야는 하나님께 간절히 간구하고 이사야 선지자에게 도움을 요청했습니다. 하나님의 극적인 도우심으로 유다는 앗수르에 의한 멸망의 위기에서 구원을 받게 됩니다.

이 일 후에 히스기야왕은 죽을 병에 걸렸다가 간절한 기도로 15년의 생명을 연장 받습니다. 그러나 그 연장된 생명을 사는 동안 바벨론 왕 므로닥발라단의 예루살렘 방문을 받게 됩니다. 히스기야는 이들에게 왕궁의 모든 보물을 보여주며 자신의 치세를 자랑했습니다. 이 일에 대해 이사야는 히스기야 왕을 심하게 경책하며 장차 앗수르의 뒤를 이을 바벨론이 유다를 공격하고 그 모든 보물을 바벨론으로 옮겨갈 것을 예언했습니다.

**42-1** 북왕국 멸망시 남왕국의 히스기야 왕은 어떻게 개혁을 합니까? – p 318

**42-2** 개혁을 시도했던 히스기야 왕이 앗수르의 위협에 사용한 인위 정책은 무엇이고
그 결과는 어떻게 나타납니까?(사 30~32장 참조) – p 319

**42-3** 하나님께서 예루살렘을 심판하시는 실제적인 목적은 무엇입니까? (사 30:18 참조) – p 319

**42-4** 히스기야 왕이 병들어 죽게 되었을 때(개인적 위기) 취한 태도는 무엇입니까? – p 319

---

🌷 **말씀이 삶이 되는 하루‥ 42 일째**

• 잠언 29:15-18은 유대인의 양육 방법을 가르쳐 주고 있습니다. 옳다고 생각하십니까? 나눔방에서 한번 나누어 보세요.

• 우리의 자녀 양육 방법과 한번 비교해 보시고 이런 방법으로 자녀를 양육할 용의가 있습니까? 잠언은 지키지 않으면 죄가 되는 십계명적 규례와는 성격이 다른 권면의

형식입니다. 안 지키면, 죄가 되는 것이 아니고 그에 상응하는 유익함을 얻지 못한다는 것입니다.

• 하나님의 명령을 지키며 하루를 산 기쁨은 어떤 것이었습니까? (전리품 찾기)
하나님이 주인 되시는 나, 가정, 교회, 일터, 나라와 열방을 위해 기도합시다.

• 전리품 기록노트는 각 주차 끝에 있음.

삶의 흔적을 기록하기

인위뚝! 신위GO!

# 통통 90일 성경일독 전리품 보물 창고

통통의 핵심 정신은 '인위(자기중심성)' 뚝! 신위 GO!입니다. 우리는 말씀 앞에서 자기중심성을 뚝 꺾고 신위 GO한 결과를 '전리품'이라고 합니다. 이 전리품들은 결국 우리의 삶의 변화로 나타나고, 또한 궁극적인 하나님 나라에까지 연결되는 것이기에 하늘의 보물 창고에 쌓는 연습을 위해 매주 '보물 창고'에 기록할 것입니다.

\*(                    )조    \*이름 : (                    )

읽은 성경 범위 :                                                          읽은 일 : 20         년         월         일

**보물창고 샘플**

● **7주: 호세아 7장..** 점점 복잡해져가는 세상을 살아가지만 그 안에서도 단순한 복음의 원리를 놓치지 않길 원합니다. 언제나 하나님의 세미한 음성을 들을 수 있는 깨끗한 마음과 열린 귀를 주시길 기도합니다.

## 8주차에 읽을 범위의 주요 개요

히스기야의 기도를 들으시고 질병에서 건져 주신 하나님께서 앗수르가 항복을 유도하는 가운데서도 건져 주십니다. 므낫세 왕은 아버지가 선한 왕이었음에도 불구하고 북쪽의 아합에 견줄 만큼 많은 악행으로 하나님의 진노를 쌓아갑니다. 므낫세의 아들 아몬은 더 악하여 신하가 반역하여 궁중에서 죽이고 그 아들 요시아를 왕으로 세웁니다. 이 때 하나님은 스바냐 선지자를 보내 우상숭배와 사회 부정의를 지적하고 '주의 날'을 선포하십니다. 유다와 열방에 임할 심판과 그 후에 올 회복을 선포하십니다. 심판이 선포된 이때 요시아 왕은 성전 수리를 명하고, 성전에서 율법책이 발견되자 종교개혁을 이룹니다. 개혁의 시작은 말씀을 접하는 데서부터 시작됩니다. 나훔 선지자를 통해서 그동안 심판의 도구로 사용하셨던 앗수르의 멸망을 선언하십니다. 18년 후인 BC 612년에 앗수르는 메대와 바벨론에 의해 완전히 멸망합니다. 하나님은 멸망 지경에 있는 백성들을 위해 멸망의 마지막까지 함께할 예레미야 선지자를 부르셔서 바벨론에 항복할 것과 70년 후에 돌아올 것을 선포하십니다. 동시대에 신정론적 질문을 하고 있는 하박국 선지자에게 주변 상황에 관계없이 "의인은 믿음으로 산다"는 답변을 주십니다. 예레미야의 말을 믿지 않고 인위로 살았던 유다 백성들은 결국 다니엘과 함께 바벨론에 의해 1차 포로로 잡혀갑니다. 하나님은 포로지에서 다니엘과 함께 하시면서 느브갓네살의 꿈을 통해 세계사의 주권자이심을 선언하십니다. 유다 백성의 심판의 도구로 사용되고 있는 바벨론도 결국 하나님께서 심판하실 것을 선포하십니다. 실제로 BC 539에 메대의 고레스 왕에게 멸망합니다.

### 43일차 요약

역대하에서는 히스기야 왕이 유다를 개혁한 내용을 열왕기서 보다 상세히 기록합니다. 아버지 아하스 때에 행했던 우상숭배를 제거하고 성전을 깨끗하게 하여 예배를 회복시킵니다. 레위지파와 제사장들이 다시 여호와의 전으로 돌아가 자신의 직임을 감당합니다. 또한 브엘세바에서 단까지 이스라엘과 유다 전체가 유월절 절기를 지키도록 합니다. 그러나 히스기야의 아들 므낫세는 우상을 숭배하고 유례없는 악행을 저질러 결국 유다의 심판을 필연적으로 만듭니다. 므낫세의 아들 아몬 역시 아버지의 악행을 답습합니다.

스바냐는 아몬의 뒤를 이은 유다 왕 요시야 시대에 활약한 선지자입니다. 스바냐서에는 '주의 날'이 강조되어 있습니다. 여호와의 날은 임박한 심판의 날을 의미 하는 동시에 세상 종말에 구원이 완성되는 때를 말하기도 합니다. 여호와의 분노의 날에 하나님께서는 여호와를 배반하고 거짓과 포악을 일삼는 자들을 진멸하리라고 말씀하십니다. 그러나 여호와의 규례를 지키는 세상의 모든 자는 여호와의 날에 숨김을 얻게 될 것입니다. 비록 그들이 흩어진 자들 중에 있을지라도 하나님께서 다시 그들을 모으실 것이고 회복시키실 것을 약속하십니다.

## 43일

### 년 월 일

#### 오늘의읽을분량

사 36~37장
왕하 20:20,21
사 22:1-14
사 23~27장
대하 29~32장
왕하 21장
습 1~3장

**43-1** 앗수르가 항복을 요청하자(국가적 위기) 히스기야가 어떻게 반응하고 있습니까? – p 320

**43-2** 히스기야의 기도에 하나님은 어떻게 응답하십니까? – p 320

**43-3** 그 당시 유다 백성의 삶의 특징은 무엇입니까? – p 320

**43-4** 백성들이 경고를 듣고도 이런 태도를 취하는 이유는 무엇입니까? – p 320

**43-5** 므낫세 왕의 통치 기간의 특징은 무엇입니까? – p 322

# 스바냐

---

🌷 말씀이 삶이 되는 하루 ·· 43 일째

• 내 삶 속에 때를 분별하지 못하고 인위의 방종한 점은 없는지 반성해 보세요.

• 그 부분을 신위로 순종하기 위해서 어떻게 할지를 기록하고 기도해 보세요.

• 그렇게 하루를 살고 난 기쁨과 좌절을 기록해 보세요.
(전리품 찾기)

하나님이 주인 되시는 나, 가정, 교회, 일터, 나라와 열방을 위해 기도합시다.

• 전리품 기록노트는 각 주차 끝에 있음.

삶의 흔적을 기록하기

# 44일

년    월    일

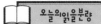

오늘의읽을분량

왕하 22~23:25
대하 33~35:19
시 33, 66, 67, 100편
왕하 23:26,27
나 1~3장
렘 1~6장

⏱ **44일차 요약**    아몬의 뒤를 이은 요시아 왕은 다윗의 길을 따라 우상의 제단을 제거하고 여호와 신앙을 크게 회복시킵니다. 성전을 수리하다가 율법책을 발견했을 때 요시아는 옷을 찢고 회개합니다. 또한 유대 백성들을 모이게 하여 하나님의 말씀을 모든 백성들의 귀에 읽혀주고 유월절을 회복시켰습니다.

나훔 선지자는 요나가 앗수르의 수도 니느웨에 회개의 말씀을 전한 후 약 150년이 지난 후에 동일하게 니느웨를 향한 심판을 예언했습니다. 니느웨는 하나님을 대적하고 각양 우상을 섬기고 무죄한 자의 피를 흘린 피의 성이라고 책망합니다. 하나님께서는 범람하는 물로 니느웨를 심판하실 것을 예언했습니다. 거대한 제국이었던 앗수르는 다른 나라들에게 행패를 부린 것처럼 결국 자신도 바벨론 군대에 의해 신속히 패망으로 추락합니다.

예레미야는 남유다 말기 요시야로부터 마지막 왕 시드기야 왕 시대에 걸쳐 남유다의 백성들이 신흥 바벨론에 포로로 잡혀가기까지 예루살렘에서 예언했습니다. 모세의 예언대로 하나님께서는 하나님의 법을 떠난 유대 백성들을 이제 곧 포로로 흩으실 것입니다. 비록 예루살렘에 성전이 있음에도 불구하고 유대 백성들은 그들의 죄악으로 인해 곧 망하게 될 것을 선포했습니다. 그는 온 몸으로 망국의 비참한 과정을 겪으며 유대 백성들이 그 마음의 악을 씻어버리고 여호와께로 돌아오길 눈물로 호소했습니다.

**44-1** 요시야 왕이 중시한 일은 무엇입니까? – p 325

# 나훔

**41-2** 나훔 선지자의 사역 시기는 언제이며, 선포한 메시지는 무엇입니까? – p 326

**44-3** 나훔에서 배우는 것은 무엇입니까? – p 326

# 예레미야

**44-4** 예레미야 선지자의 사역 시기는 언제입니까? – p 327

**44-5** 예레미야 사역 당시 국제 정세는 어떠했습니까? – p 328

**44-6** 예레미야 사역 당시 국내 정세는 어떠했습니까? – p 328

**44-7** 예레미야 사역 당시 백성들의 상태는 어떠했습니까? – p 330

### 말씀이 삶이 되는 하루·· 44일째

• 성도의 변화는 말씀을 접할 때 시작됩니다. 우리는 지난 7주 동안 말씀을 읽어 왔습니다. 내 삶 속에 어떤 변화가 어느 정도 변화가 이루어지고 있는지를 점검해 보세요.

• 변화의 첫 걸음은 신위에 순종하는 것입니다. 어떤 부분에서 이 순종이 잘 이루어지지 않는지 늘 분석해야 합니다.

삶의 흔적을 기록하기

• 그렇게 하루를 살고 난 기쁨과 좌절을 기록해 보세요.
(전리품 찾기)

하나님이 주인 되시는 나, 가정, 교회, 일터, 나라와 열방을 위해 기도합시다.

• 전리품 기록노트는 각 주차 끝에 있음.

# 45일

년 월 일

## 오늘의읽을분량

왕하 23:28-34
렘 22:10-17
대하 35:20~36:4   합
1~3장
왕하 23:35-37
렘 26:1-6
렘 7~8:3
렘 26:7-24
렘 11~12장

🕐 **45일차 요약**   유다의 영적 개혁을 일으킨 요시야 왕은 애굽과 바벨론이 서로 패권을 놓고 대결하는 상황에서 애굽을 방해하다가 므깃도에서 전사합니다. 요시야의 아들 여호아하스 (살룸)는 겨우 3개월 왕위에 있다가 애굽에 잡혀가 죽었고 요시야의 다른 아들 여호야김 (엘리야김)이 왕으로 즉위해 유다는 애굽의 영향력 아래 들어갑니다.
이런 유다 말기의 상황 속에서 하박국 선지자는 선한 자가 고난당하고 악인이 형통하는 부조리한 현실에 대해 하나님께 질문합니다. 이에 대해 하나님께서는 하나님의 정하신 때에 하나님의 주권으로 악을 심판하실 것을 말씀하십니다. 머지않아 유다는 그들 보다 더 잔인한 바벨론에 의해 심판을 받을 것입니다. 또한 유다보다도 더 악한 바벨론도 결국 하나님의 심판을 받게 될 것입니다. 하나님께서는 하박국 선지자를 통하여 물이 바다를 덮음 같이 만민이 여호와의 영광을 인정하는 때가 올 것이며, 오직 의인은 하나님을 믿는 믿음으로 살게 될 것을 말씀하셨습니다.
예레미야는 여호야김 왕 때 성전 뜰에 서서 유다가 하나님께로 마음을 돌이킬 것을 설득합니다. 악한 길과 행위를 버리고 여호와께로 돌아오라고 호소합니다. 이제 곧 여호와께서 예루살렘과 성전을 실로 같이 황폐하게 하시고 유다 백성들을 흩어버리실 것이라고 예언합니다. 그러나 예레미야의 고향 아나돗 사람들마저 그를 멸시하여 더 이상 여호와의 이름으로 예루살렘과 성전을 향하여 예언하면 죽게 될 것 이라고 예레미야를 협박합니다.

# 하박국

**45-1** 하박국 선지자가 사역할 당시의 시대적 배경은 어떠했습니까? – p 333

**45-2** 하박국의 신정론적 질문 내용은 무엇입니까? – p 334

**45-3** 그에 따른 하나님의 답변 내용은 무엇이고 그 의미는 무엇입니까? – p 334

▶의인은 어떤자입니까?
그들은 무엇으로 산다고 했습니까?
믿음으로 사는 자가 곧 의인입니다. 나는 그런 의인입니까? – p 336

**45-4** 하나님의 답변을 들은 하박국의 신앙고백은 무엇입니까? – p 336

**45-5** 예레미야서를 통해 하나님은 자기 백성과 어떤 관계가 되기를 원하십니까? – p 336

**45-6** 그런 하나님의 마음에 아랑곳하지 않은 백성들의 죄악상은 무엇입니까? – p 336

**45-7** 백성들이 그렇게 살도록 유혹하는 사탄의 최고 목표는 무엇입니까? – p 337

인위뚝! 신위GO!

🐻 말씀이 삶이 되는 하루 ·· 45일째

• 합 2:3-4 "의인은 믿음으로 말미암아 살리라."의 의미를 깊이 묵상하세요. '믿음으로 산다'는 것은 신위에 순종하는 삶입니다.

• 이 말씀이 하박국 3:17의 고백과 어떤 관계가 있는가요? 교재에서 배운 신앙의 3가지 유형(교재 114쪽)을 복습하고 자신의 믿음의 유형을 살펴보세요.

• 그렇게 하루를 살고 난 기쁨과 좌절을 기록해 보세요. (전리품 찾기)

하나님이 주인 되시는 나, 가정, 교회, 일터, 나라와 열방을 위해 기도합시다.

• 전리품 기록노트는 각 주차 끝에 있음.

삶의 흔적을 기록하기

# 46일

년 월 일

**오늘의읽을분량**

렘 47장
렘 46:1-12
렘 13:1-14
렘 18:1-17
렘 45장
렘 36장
렘 25:1-14
렘 14~17장
렘 8:4~10:16

🕐 **46일차 요약** 유다의 여호야김 왕궁은 예레미야의 예언에 대해 적대적이었습니다. 예레미야가 갇히자 하나님께서는 서기관이었던 바룩을 통해 예레미야의 예언을 대필하여 백성들에게 알립니다. 그러나 여호야김 왕은 그 두루마리를 화롯불에 태워 버립니다. 예레미야는 여호야김 왕이 불사른 첫 두루마리의 모든 내용을 다시 기록하게 했는데 하나님께서는 두 번째 두루마리에 여호야김 왕가에 대한 비참한 결말에 대한 예언을 더하게 하셨습니다. 하나님께서는 예레미야의 행동예언을 통해 유다의 상태가 마치 시냇가 바위틈에 오래 두어 썩고 못 쓰게 된 베띠와 같다고 말씀 하십니다. 또한 하나님께서는 모든 역사의 절대주권을 가지고 계심으로 유다가 계속 거역하면 토기장이 되신 하나님에 의해 결국 깨뜨려지는 진흙과 같게 될 것을 말씀하십니다. 하나님께서는 요시야 왕 시대로부터 이십 년 이상 예레미야를 통해 꾸준히 유다가 악행을 버리고 여호와께 돌아오기를 눈물로 설득했습니다. 그러나 끝까지 하나님의 말씀을 듣지 않은 유다를 향해 하나님께서는 바벨론 왕 느브갓네살을 보내 예루살렘을 멸망시키고 포로 70년 동안 바벨론 왕을 섬기게 될 것을 말씀하십니다. 하지만 예레미야의 예언은 거기서 끝나지 않고 70년 이후 유다의 회복을 향하고 있습니다. 여호와 하나님께서 애굽 땅에서 이스라엘 백성들을 구원하신 것처럼 유다를 징계하는 70년이 끝나면 하나님께서 다시 그들을 긍휼히 여기사 바벨론 북방 땅과 그 모든 쫓겨났던 나라에서 남은 자들을 인도하여 회복시키실 것입니다.

▶토기장이 비유를 깊이 묵상하세요. 토기가 그 주인인 토기장이에게 자기를 주장할 수 없음 같이 나는 하나님이 나의 주권자이심을 인정하고 있습니까? – p 338

**46-1** 바벨론 포로 기간이 70년인 이유는 무엇입니까? – p 338

🌷 *말씀이 삶이 되는 하루‥ 46일째*

• 오늘 읽은 부분 중 렘 17:9을 깊이 묵상하세요. 나의 마음은 어떠한가요?

• 이런 마음을 오직 누가 정화할 수 있나요? 그래서 성경을 열심히 읽고 있나요?

• 하나님의 명령을 지키며 하루를 산 기쁨은 어떤 것이었습니까? (전리품 찾기)
하나님이 주인 되시는 나, 가정, 교회, 일터, 나라와 열방을 위해 기도합시다.

• 전리품 기록노트는 각 주차 끝에 있음.

*삶의 흔적을 기록하기*

*인위뚝! 신위GO!*

년    월    일

⏱ **47일차 요약**   여호야김 왕 4년(605 BC)에 애굽과 바벨론의 싸움에서 애굽은 바벨론에게 패합니다. 이제 여호야김 왕 궁은 애굽 대신 바벨론의 지배하에 들어가게 되고 바벨론은 이 해 부터 세 차례에 걸쳐 유다의 백성들을 포로로 잡아가기 시작합니다. BC 605년 다니엘과 그의 세 친구들도 1차 포로로 바벨론으로 잡혀갑니다. 하나님께서는 다니엘을 바벨론에서 하나님의 대언자로 세워 앞으로 다가올 세상나라의 역사를 예언하게 하십니다. 바벨론을 비롯한 세상 나라는 유한한 나라며 결국 멸망할 나라입니다. 결국 하나님의 나라가 세상나라를 이기고 영원히 설 것임을 다니엘이 느브갓네살왕이 꾼 꿈을 해석하게 하심으로 보여 주십니다. BC 597년에 느브갓네살은 유다를 다시 침입하여 많은 성전 기물을 약탈하고 여호야긴 왕과 모든 지도자들과 용사들을 2차 포로로 다 사로 잡아갑니다. 이 때 거짓 선지자들은 자신의 말로 백성들을 미혹하지만 예레미야는 하나님의 말씀을 전하지 않고는 견딜 수 없는 불붙는 마음으로 예루살렘의 멸망을 선포하며 치욕을 당합니다. 하나님께서는 예레미야를 통해 바벨론에 항복하고 포로로 붙잡혀 가는 것이 하나님의 뜻임을 알리십니다.

📖 **오늘의읽을분량**

왕하 24:1-4
렘 35장
렘 23:9-40
렘 18:18~20장
왕하 24:5-9
렘 22:18-30
렘 13:15-27
왕하 24:10-17
대하 36:5-10
렘 24장
단 1~4장

**47-1** 하나님의 경고를 듣지 않은 백성들이 포로로 잡혀 가게 됩니다.
　　　　1차 포로의 배경은 무엇입니까? - p 339

**47-2** 이런 심판 과정 가운데 레갑 족속 이야기를 하는 이유는 무엇입니까?- p 339

▶ 신명기 18장의 참선지자의 모습은 오늘날 사역자에게도 동일하게 적용되는 것입니다. - p 340

# 08 포로 시대

아래 지도로 포로 시대까지 줄거리를 말해 보세요.

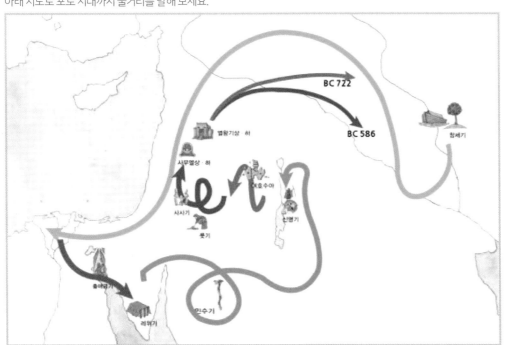

# 다니엘

**47-3** 다니엘서는 포로로 잡혀간 백성들에게 하나님이 어떤 분임을 강조하고 있습니까? - p 342

**47-4** 다니엘은 하나님 앞에서 무엇을 결단하고 있습니까? 포로지에서도 그런 결단을 실행할 수 있었던 이유는 무엇입니까? - p 343

**47-5** 느부갓네살의 꿈을 통해 드러내신 세계사의 흐름은 무엇이며, 그것을 통해 하나님은 무엇을 증거하고 계십니까? - p 345

**47-6** 이 같은 계시를 보여주시는 하나님의 목적은 무엇입니까? - p 345

### 말씀이 삶이 되는 하루·· 47일째

• 다니엘은 포로지에서도 섞이지 않는 삶을 살았습니다. 어떻게 그런 삶을 살아 갈 수 있는지를 관찰하고 분석하세요.

• 내 삶의 모습을 다니엘의 삶의 자세와 비교해 보고 내 삶 속에 섞여 있는 요소가 무엇인지를 찾아보고 어떻게 제거할 지를 생각해 보세요.

• 그렇게 하루를 살고 난 기쁨과 좌절을 기록해 보세요. (전리품 찾기)

하나님이 주인 되시는 나, 가정, 교회, 일터, 나라와 열방을 위해 기도합시다.

• 전리품 기록노트는 각 주차 끝에 있음.

삶의 흔적을 기록하기

인위뚝! 신위GO!

🕐 **48일차 요약**  BC 605년 바벨론에 의해 유다 백성들이 1차 포로로 잡혀 감으로 포로시대가 시작됩니다. 그 후 BC 597년에 바벨론의 느브갓네살 왕이 여호야긴을 비롯한 만 명 이상의 사람들을 2차 포로로 잡아갑니다. 고작 3개월 왕위에 있었던 여호야김의 아들 여호야긴 대신 여호야김의 숙부 시드기야가 유다의 마지막 왕이 됩니다. 그러나 시드기야왕은 예레미야가 부단히 말씀을 전했음에도 불구하고 바벨론 왕을 배반하게 됩니다. 이런 상황에서 예레미야는 유다와 주변국들이 바벨론의 멍에를 메지 아니하면 칼과 기근과 전염병에 의해 벌을 받는다는 것을 자신이 직접 목에 멍에와 줄을 걸고 시위하며 보여주었습니다. 그러나 바로 이때 예루살렘의 거짓 선지자 하나냐는 예레미야의 목에 있는 멍에를 빼앗아 꺾고 하나님께서 2년 안에 바벨론의 지배에서 벗어나게 하실 것이라고 거짓 예언으로 맞서다가 그 해에 죽임을 당합니다. 예레미야는 포로로 잡혀가 바벨론 땅에 살고 있는 유다 백성들에게 편지를 보냅니다. 그들을 향한 하나님의 간절한 마음은 평안과 미래와 희망이며 70년이 지나면 다시 돌아오게 될 것임을 확신 시킵니다. 또한 예레미야는 유다 뿐만 아니라 모압, 에돔, 암몬등 주변국들의 멸망을 예언했습니다. 특히 하나님께서 장차 메대 왕들을 일으켜 바벨론이 여러 나라에 행한 악행대로 친히 보복하실 것을 선포했습니다. 그러나 하나님께서 유다 백성들을 회복시키시는 그 날이 오면 유다 포로들은 바벨론의 멍에를 풀고 뛰어나와 그 얼굴을 시온으로 향하며 여호와의 영원한 언약 안으로 돌아와 여호와와 연합하게 될 것입니다.

📖 **오늘의읽을분량**

**왕하 24:18,19**
**대하 36:11, 12**
**렘 52:1, 2**
**렘 27~29장**
**렘 25:15-38**
**렘 48~51장**

**48-1**  경고를 듣고도 돌아오지 않은 자기 백성을 바벨론에 포로로 보내셨지만 하나님의 속마음은 무엇입니까? 그러니 바벨론에서 어떻게 살라고 하십니까? (렘 29:11-14 참조) - p 346

**48-2**  유다 백성의 심판의 도구로 사용된 바벨론의 결말이 어떻게 될 것임을 알려 주십니까? - p 346

---

🌷 **말씀이 삶이 되는 하루 ·· 48일째**

• 이 시대 예루살렘 백성은 예레미야의 예언을 듣지 않고 오히려 그들을 죽도록 핍박했습니다. 왜 그랬을까요? 딤후 4:3과 함께 묵상해 보세요.

• 나는 어떤가요? 내 귀를 즐겁게 해 주는 것을 찾아 말씀의 정도를 벗어나고 있지는 않은지 늘 성찰하고 반성합니까?

• 하나님의 명령을 지키며 하루를 산 기쁨은 어떤 것이었습니까? (전리품 찾기)
하나님이 주인 되시는 나, 가정, 교회, 일터, 나라와 열방을 위해 기도합시다.

• 전리품 기록노트는 각 주차 끝에 있음.

*삶의 흔적을 기록하기*

# 통통 90일 성경일독 전리품 보물 창고

## 제 43일차 ~ 48일차

통통의 핵심 정신은 '인위(자기중심성)' 뚝! 신위 GO!입니다. 우리는 말씀 앞에서 자기중심성을 뚝 꺾고 신위 GO한 결과를 '전리품'이라고 합니다. 이 전리품들은 결국 우리의 삶의 변화로 나타나고, 또한 궁극적인 하나님 나라에까지 연결되는 것이기에 하늘의 보물 창고에 쌓는 연습을 위해 매주 '보물 창고'에 기록할 것입니다.

\*(                    )조   \*이름 : (                    )

| 읽은 성경 범위 : | 읽은 일 : 20       년      월      일 |
|---|---|

**보물창고 샘플**

● **8주: 예레미야 2:26-37..** 오직 하나님을 경외하는 것이 나의 본분임을 기억합니다. 하지만 하나님을 잊고 나무와 돌에 불과한 우상을 섬기면서도 자신의 죄를 알지 못한 이스라엘의 모습 속에서 나의 모습을 봅니다. 반복적으로 짓는 거짓말과 부정한 행위를 고백하오니 용서해 주시고 회복시켜 주시기를 기도합니다.

신위GO!

에스겔은 2차포로 때 여호야긴 왕과 약 만 명의 왕실 지도자들과 함께 바벨론으로 끌려갑니다. 끌려간지 5년 후 하나님은 에스겔에게 네 개의 바퀴 환상을 보여주시면서 바벨론 포로 생활에서도 임마누엘해 주실 것을 보여 주십니다. 예루살렘에서는 시드기야왕이 친 애굽 정책을 취하자 예레미야가 바벨론의 3차 침공을 예언합니다. 그 일로 인해 물웅덩이에 갇힌 예레미야에게 하나님께서 새 언약과 회복을 약속해 주시면서 "내게 부르짖으라"(렘 33:2-3)고 촉구하십니다. 이제 예루살렘은 하나님께서 경고하신대로 바벨론의 포위로 비참한 참상이 벌어집니다. 이 상황을 모두 목격한 예레미야는 창자가 끊어질 정도로 애통합니다. 예레미야는 이런 참상가운데서도 인생으로 고생하게 하심이 본심이 아니라고 하나님의 마음을 전합니다. 이렇게 예루살렘이 멸망할 때 에돔은 형제 나라이면서도 도움을 주지 않고 수수방관한 태도를 취했습니다. 하나님은 오바댜 선지자를 통해 이런 에돔을 심판할 것을 선포하십니다. 지금은 바벨론에 포로로 있지만 고국으로 들어갈 백성들에게 새 영을 주실 것(새 언약)과 마른 뼈 같은 백성들에게 생기를 불어 넣어 회복시켜 주실 것을 약속합니다. 이미 이사야를 통해 100년 전에 바벨론의 멸망을 예고하신대로 고레스가 벨사살 왕을 죽이고 왕이 되게 하십니다. 하나님은 백성들에게 고레스로 인해 두려워하지 말라고 하십니다. 왜냐하면 고레스는 하나님의 목자로서 백성들을 고국으로 돌아가라고 명령을 내릴 사람이기 때문입니다.

🕐 **49일차 요약**   에스겔 선지자는 BC 597년 유다의 2차 포로로 여호야긴 왕과 함께 바벨론 땅으로 끌려갑니다. 예레미야가 예루살렘에서 사역할 때 에스겔은 바벨론 땅에서 부르심을 받고 묵시로 받은 많은 환상들을 보고 하나님의 말씀을 대언했습니다. 예루살렘의 시드기야 왕은 비밀리에 예레미야를 불러 유다를 향한 하나님의 예언을 반복해서 듣지만 바벨론에 항복하라는 예레미야의 말을 끝내 순종하지 않습니다. 시드기야 9년에 결국 예루살렘성은 포위되고 삼 년 만에 바벨론에 의해 훼파되고 시드기야를 비롯한 백성들이 3차 포로로 잡혀갑니다.

하나님께서는 이 상황에서 예레미야에게 아나돗에 있는 그의 친척의 밭을 사게 하심으로 예루살렘 땅이 다시 회복될 것을 상징적으로 보여주십니다. 시내산 언약을 깨뜨리고 우상 숭배한 유다의 죄에 대한 징계와 형벌로 유다백성이 그 땅에서 쫓겨나지만 하나님께서는 자신의 백성을 향하신 창자가 들끓는 긍휼과 사랑으로 유다를 다시 회복시키리라는 새 언약을 말씀해주십니다. 뿐만 아니라 하나님께서는 유다 백성들의 마음에 하나님의 법을 새겨주시고 한 마음과 한 길을 주셔서 그들이 하나님의 백성이 되고 자신이 그들의 하나님이 되리라고 말씀하십니다. 폐허가 된 성읍을 다시 세우고 그곳에 하나님을 예배하는 감사와 기쁨의 소리를 회복시키실 것이며 그 곳에서 다윗의 의로운 가지를 일으켜 하나님의 통치를 회복시켜주실 것을 약속하십니다.

# **49**일

년    월    일

📖 오늘의읽을분량

겔 1~3:21
왕하 24:20~25:3
렘 52:3-6
렘 10:17-25
렘 21~22:9
렘 34장
렘 46:13-28
렘 37장
렘 30~33장
렘 23:1-8
렘 38장

# 에스겔

**49-1** 에스겔은 2차포로 시 여호야긴 왕과 함께 바벨론으로 끌려갑니다.
에스겔은 언제 소명을 받았습니까?   – p 347

**49-2** 에스겔의 사역 대상은 누구이며, 이들을 향한 에스겔의 선포 내용은 무엇입니까? – p 348

**49-3** 에스겔의 핵심 구절인 '내가 여호와인줄 알게' 하는 상황은 무엇입니까? – p 349

**49-4** 에스겔의 환상을 통해 말씀하시고자 한 메시지는 무엇입니까? – p 350

`49-5` 바벨론이 3차로 유다를 침공하게 된 원인은 무엇입니까? - p 351

▶ "자라나기"에서 언급한 '하나님의 공의'를 묵상해 보세요.

`49-6` 예레미야는 아나돗의 땅을 사는 행동을 통해 백성들에게 어떤 메시지를 전하고 있습니까? - p 352

`49-7` 예레미야가 아직 시위대 뜰에 갇혀 있는 상황에서 하나님은 회복을 약속하시면서 백성들에게 무엇을 하라고 요청하십니까? - p 353

🌷 *말씀이 삶이 되는 하루 · · 49 일째*

• 이스라엘 백성들은 선지자를 통한 하나님의 말씀을 자기중심성이라는 여과장치를 통해 걸러서 선택적으로 듣는 경향이 강함을 보았습니다.(딤후 4:3-4참조) 그 결과는 언제나 참혹했습니다.

• 나도 말씀을 읽고 들을 때 내가 중심이라는 여과장치를 통해서 걸러내고 있지는 않는지 잘 돌이켜 보세요.

• 그렇게 하루를 살고 난 기쁨과 좌절을 기록해 보세요. (전리품 찾기)

하나님이 주인 되시는 나, 가정, 교회, 일터, 나라와 열방을 위해 기도합시다.

• 전리품 기록노트는 각 주차 끝에 있음.

*삶의 흔적을 기록하기*

인위뚝! 신위GO!

**⏱ 50일차 요약**  하나님께서는 바벨론 땅에 있는 에스겔에게 고국 예루살렘의 타락상을 보여주셨습니다. 바벨론에 있는 에스겔을 환상 중에 순간적으로 예루살렘 성전으로 이동시키셔서 이방 우상들의 박람회 장소처럼 변해버린 성전 안에서 백성들이 우상들을 숭배하는 모습을 보여 주셨습니다. 그리고 급기야 하나님의 영이 그 성전 문을 떠나는 모습을 그룹들의 바퀴 환상을 통해 보게 하셨습니다. 하나님께서는 유다 백성들을 먼 나라로 흩으셔서 징계하신 후에 그들에게 다시 새 영을 부어주시고 부드러운 마음을 주셔서 그들이 여호와 하나님께 돌아오게 하시겠다고 약속하셨습니다. 그러나 거짓 선지자들은 예루살렘의 임박한 심판을 앞에 두고도 여전히 예루살렘의 심판과 멸망을 선포하지 않고 거짓 평강으로 백성들을 미혹합니다. 하나님께서는 바벨론 땅에 있는 에스겔을 통하여 이스라엘과 유다는 마치 두 명의 매춘부에 비유될 만큼 영적인 간음에 빠졌고 심판을 당할 수밖에 없는 상황에 놓여있음을 선포하셨습니다. 결국 유다 백성은 예루살렘 성과 성전의 멸망으로 죄에 대한 하나님의 징계를 받은 후에야 하나님께서 하나님이 여호와인줄 알게 되리라고 말씀하십니다.

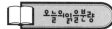

**오늘의 읽을분량**

대하 36:13-16
겔 8~11장
겔 13~18장
겔 20~21:17
겔 22:1-22
겔 23장

**50-1**  하나님이 바벨론에 있는 에스겔에게 예루살렘 성전의 상태를 보여 주십니다.
어떤 상황이었기에 성전에서 하나님이 떠나실 수 밖에 없는 지경이 되었습니까? - p 353

**50-2**  하나님이 떠나시고 멸망 지경에 있으면서도 유다 백성들이 착각하고 있는 것은 무엇입니까?
- p 354

**50-3**  그런 백성들에게 하나님께서 인위의 길을 떠나 신위의 길로 가도록 약속하시는 것은 무엇입니까? - p 354

**50-4**  백성들에게 하나님이 원하시는 대로 살지 못하게 미혹하는 사람들은 누구입니까? - p 355

**50-5**  하나님께서 에스겔을 통해 "저마다 자기 죄로 죽는다"고 말씀하신 것은 어떤 착각을 바로잡아 주시는 것입니까? - p 356

**50-6**  하나님께서 백성들을 심판하시는 원인은 무엇입니까? - p 356
"이 땅을 위하여 성을 쌓으며 성 무너진 데를 막아서서 나로 하여금 멸하지 못하게 할 사람을 내가 그 가운데에서 찾다가 찾지 못하였으므로 내가 내 분노를 그들 위에 쏟으며 내 진노의 불로 멸하여 그들 행위대로 그들 머리에 보응하였느니라 주 여호와의 말씀이니라."(겔 22:30-31)

---

🌷 *말씀이 삶이 되는 하루‥ 50일째*

- 성전(막)의 구속사적 의미는 하나님의 임재라는 사실을 배웠습니다. 에스겔에서 지상의 성전과 환상의 성전이 등장함을 유의하고, 그 의미를 잘 새겨 보세요.

- 신약에서의 성전은 성도들이라고 했습니다. 성도는 성령을 모시는 성전입니다(고전 6:19). 하나님의 임재가 나의 삶 가운데 계시다는 말입니다.

- 하나님의 임재와 동행 가운데 하루를 살고 난 기쁨과 좌절을 기록해 보세요. (전리품 찾기)
하나님이 주인 되시는 나, 가정, 교회, 일터, 나라와 열방을 위해 기도합시다.

• 전리품 기록노트는 각 주차 끝에 있음.

📖 **오늘의읽을분량**

겔 21:18-32
겔 24장
겔 3:22~7장
겔 29:1-16
겔 30:20~31장
왕하 25:4-21
렘 52:7-11
렘 39:1-7
대하 36:17-21
겔 12장
렘 52:12-27
렘 39:8-10
시 89편

🕐 **51일차 요약**    바벨론 땅에 가 있는 에스겔은 이제 예루살렘의 끝이 왔음을 여러 가지 상징적 행위들 통해 알리지만 백성들은 그 행위가 의미하는 임박한 심판을 멀리 있는 여러 날 후의 일처럼 여기며 그 날에 대한 묵시를 믿지 않습니다. 하나님은 심지어 에스겔의 아내가 하루아침에 갑자기 죽게 하심으로 유다가 아끼던 성전의 무너짐이 얼마나 가까이 왔으며 또한 맘 놓고 애도할 수조차 없는 비참한 일인지를 알려 주셨습니다.

예레미야와 에스겔의 예언대로 결국 예루살렘은 BC 586년에 망하여 유다의 시드기야 왕은 두 눈이 뽑히고 바벨론으로 사로잡혀갑니다. 바벨론 군대는 예루살렘 성전을 허물고 솔로몬 왕이 만든 각종 기구들을 헐어 막대한 양의 금과 은과 놋을 바벨론으로 가져갔습니다. 그러나 예레미야는 가난한 자들과 비천한 자들만 남은 폐허가 된 예루살렘에 남겨집니다.

이렇게 유다가 망하고 백성들이 포로로 다 끌려간 상황에서 이제 그들에게는 하나님께서 다윗에게 그의 후손과 왕위에 대해 맺으신 언약을 기억하고 비록 그들의 불신앙으로 그 언약이 깨어졌을지라도 하나님의 영원하신 인자와 성실에 의지하여 그 언약의 회복을 바라보는 것 밖에는 아무 소망이 없는 상황에 이르게 됩니다.

**51-1**  심판의 목적은 무엇입니까? – p 358

**51-2**  하나님께서 경고하신대로 유다가 멸망합니다. 인위의 결말인 멸망의 상태는 어떠합니까?
　　　　　– p 359

✋ 말씀이 삶이 되는 하루‥ 51 일째

• 유다도 결국 하나님의 진노를 피할 길이 없어 망합니다. 그 원인을 잘 새겨 두세요.

• 내 개인의 삶에도 유다 멸망의 원인과 같은 요소들은 없는지를 살펴보아야 합니다.

• "인위 뚝! 신위 Go!"의 하루를 살고 난 기쁨과 좌절을 기록해 보세요. (전리품 찾기)
하나님이 주인 되시는 나, 가정, 교회, 일터, 나라와 열방을 위해 기도합시다.

• 전리품 기록노트는 각 주차 끝에 있음.

삶의 흔적을 기록하기

인위뚝! 신위GO!

오늘의읽을분량

애 1~5장
왕하 25:22-26
렘 39:11~44장
겔 33:21-33
겔 19장
겔 22:23-31
겔 25~28장
겔 32장

🕐 **52일차 요약**  예레미야는 예루살렘의 멸망과 성전의 파괴를 바라보며 자신의 머리는 물이 되고 그의 눈은 눈물 근원이 되어 울고 또 목 놓아 울며 자신의 깊은 슬픔을 애가를 지어 표현했습니다. 예레미야 애가는 시의 형식으로 쓰여져 후손들이 암송하고 기억할 수 있도록 했습니다. 예레미야는 애가를 통해 죄를 애통해하는 동시에 유다의 백성들의 마음이 하나님께로 돌아와 하나님과의 관계가 옛적 같이 회복되길 간절히 간구합니다.

한편 예루살렘의 멸망 후에 바벨론 왕이 예루살렘에 세운 바벨론 총독 그달랴가 암살당하자 그 일로 인한 바벨론의 복수가 두려워 예루살렘 백성들은 예레미야에게 기도를 부탁하고 하나님의 뜻을 묻습니다. 그러나 유다 백성들은 애굽으로 도망가지 말고 예루살렘에 그대로 남아 있으라는 하나님의 말씀을 예레미야를 통해 듣고도 끝내 예레미야를 데리고 애굽으로 도망을 가고 맙니다. 그러나 그들이 안전하다고 생각 했던 애굽 땅에 하나님께서는 바벨론 군대를 보내셔서 애굽을 치게 하십니다. 하나님께서는 또한 바벨론에 있는 에스겔을 통해 유다뿐만 아니라 주변국들에 대한 예언을 하게 하셨는데 그 가운데 세계의 모든 진귀한 물품들이 교역되는 명품관과 같이 화려하고 부유했던 두로도 한순간에 멸망할 것을 예언했습니다. 그의 멸망의 이유는 두로 왕의 교만 때문이었습니다. 특히 두로 왕에 대한 예언은 하나님의 영광을 가로챈 사탄에 대한 묘사로 풀이되기도 합니다.

# 예레미야 애가

**52-1**  하나님께서 경고하신대로 유다가 멸망합니다. 인위의 결말인 멸망의 상태는 어떠합니까?
- p 362

**52-2**  예레미야 선지자는 이런 참상 가운데서도 하나님을 향한 신앙고백을 어떻게 하고 있습니까?
(렘 3:21-33 참조) - p 363

**52-3**  하나님은 이스라엘을 괴롭혔던 나라들을 어떻게 하십니까? - p 363

---

✊ **말씀이 삶이 되는 하루·· 52일째**

• 예레미야 애가를 읽고 오늘 우리 조국이 처한 상황과 그 결과가 어떻게 될 것인가를 묵상하고 나누어 보세요.

• 하나님의 명령을 지키며 하루를 산 기쁨은 어떤 것이었습니까? (전리품 찾기)
하나님이 주인 되시는 나, 가정, 교회, 일터, 나라와 열방을 위해 기도합시다.

• 전리품 기록노트는 각 주차 끝에 있음.

*삶의 흔적을 기록하기*

# 53일

년    월    일

**오늘의읽을분량**

옵 1장
시 137편
렘 52:28-30
겔 33:1-20
겔 34~39장

🕐 **53일차 요약**   오바댜 선지자는 에서의 후손들, 즉 에돔 족속이 유다 자손의 환난과 패망을 기뻐한 것에 대해 하나님께서 그 나라를 영원히 멸절시킬 것을 예언했습니다. 유다의 선지자들은 단지 이스라엘과 유다의 심판을 넘어서서 유다와 관련된 여러 주변국들 즉 에돔, 모압, 블레셋, 두로, 시돈과 애굽, 앗수르, 바벨론등 그 당시 세계 열국이 어떤 심판을 받게 될 지를 말씀하십니다. 그들이 하나님을 인정하지 않고 자국의 부와 군사력을 의지하고 우상들을 섬긴 죄악에 대한 하나님의 심판을 통해 모든 족속이 하나님을 알게 하실 것입니다.

그러나 하나님께서는 이스라엘과 유다에 관하여서는 주변 여러 민족들을 통해 더럽혀진 하나님의 이름을 위하여서 이스라엘을 회복시키시되 그들 속에 새 영을 부으셔서 그들의 마음이 진심으로 여호와께 돌아오도록 하실 것입니다. 황폐한 이스라엘 땅을 에덴동산 같게 하실 것이고 마른 뼈와 같은 이스라엘을 지극히 큰 하나님의 군대로 회복시키실 것입니다. 장차 이스라엘에 다윗의 후손으로 오는 한 목자를 세워 그 목자가 다스리는 영원히 변함없는 한 나라를 세우고 화평의 언약을 맺으실 것입니다. 에스겔 선지자는 또한 신원 미상의 인물인 곡에 대해 묵시적인 예언을 합니다. 그는 여러 군대들과 동맹을 맺고 여호와의 백성들과 전쟁을 일으킬 것입니다. 그러나 하나님께서 악의 세력을 단번에 멸하시고 만민 앞에서 하나님의 권능을 나타내실 것입니다.

# 오바댜

**53-1**  예루살렘 멸망시 에돔의 태도는 무엇이며, 그 태도에 대한 하나님의 심판은 무엇입니까?
- p 364

**53-2**  바벨론에 있는 이스라엘 백성에게 약속하신 내용은 무엇입니까? - p 367

---

✊ **말씀이 삶이 되는 하루·· 53 일째**

창 2:7에서는 인간은 흙과 하나님의 생기로 지어진 존재라고 말하고 있습니다. 하나님의 생기가 없는 상태, 즉 하나님께 순종하지 않고 그와 동행하지 않는 상태는 그냥 흙에 불과한 존재입니다. 하나님의 생기가 함께 하실 때 인간은 창조의 원래의 존엄과 가치를 회복하게 된다는 것을 보여 줍니다. 마른 뼈 같은 우리 인생들이 하나님의 생기를 받아 소생하게 됩니다. 그 생기가 36장에서 말하는 "새 영"입니다.

오늘 나의 삶은 마른 뼈 같은 삶인가요? 그렇다면 이 하나님의 "새 영"을 받아 소생해야 합니다. 그것이 성경을 읽어야 하는 이유입니다. "오늘 성경 읽으셨나요?"의 질문에 늘 대답하는 삶을 살아 소생하기를 축복합니다.

• 전리품 기록노트는 각 주차 끝에 있음.

*삶의 흔적을 기록하기*

인위뚝! 신위GO!

⏱ **54일차 요약**　하나님께서는 바벨론에 포로로 잡혀간 다니엘이 느부갓네살 왕의 꿈을 두 번이나 해석하게 하시는 사건을 통해 하나님께서 세계 역사의 주관자이시고 만왕의 왕이심을 나타내셨습니다. 그로부터 수십 년이 지난 후 바벨론의 마지막 왕 벨사살이 베푼 거창한 잔치 자리에서 벽에 나타난 글씨를 다니엘이 해석한 바로 그 날 밤에 벨사살 왕이 죽음으로 바벨론 제국은 멸망 했습니다.

그리고 새로운 제국 페르시아의 고레스 왕이 그 자리를 대신 합니다. 얼핏 보기에는 이스라엘 나라가 멸망하여 다 포로로 잡혀가고 망한 것 같이 보이지만 하나님께서는 단지 이스라엘 땅에 국한되는 지역적인 나라가 아니라 장차 하나님께서 세우실 영원한 하나님의 나라와 타국인들을 포함한 거룩한 하나님의 백성들이 남아있음을 다니엘과 에스겔을 통해 말씀해주셨습니다. 특히 하나님께서는 에스겔에게 새 예루살렘의 성전건축 설계도를 환상으로 보여 주셨습니다. 이 성전은 장차 하나님께서 완성하실 영원한 성전으로 하나님께서는 그 곳으로 돌아오셔서 다시는 떠나지 않으실 것입니다. 하나님께서는 에스겔에게 마치 요한계시록을 쓴 사도 요한이 보았던 하늘로부터 내려오는 새 예루살렘의 모습과도 같은 하나님의 성전 환상을 보게 하셨습니다.

📖 **오늘의 읽을분량**

겔 40~48장
겔 29:17-21
겔 30:1-19
왕하 25:27-30
렘 52:31-34
사 13~14:23
사 21장
사 33~35장
단 5장

**54-1**　예루살렘이 함락된지 14년째에 성전의 이상을 보여 주시면서 한 번 더 확인시켜 주시는 것은 무엇입니까? – p 368

**54-2**　"여호와 삼마"의 이름을 가진 도성에서 이루어지는 것은 무엇입니까? – p 369

**54-3**　바벨론에 포로로 잡혀간 백성들에게 회복을 보여주신 사건은 무엇입니까? – p 370

**54-4**　이사야에 의해 바벨론의 멸망은 몇년 전에 예언되어 있습니까? – p 370

**54-5**　하나님은 바벨론의 멸망 계획을 어떻게 실천하고 계십니까? – p 371

🌷 *말씀이 삶이 되는 하루‥54일째*

• 오늘 내가 밟는 모든 곳에서 '여호와 삼마'를 외쳐 보세요.

• 내 개인의 삶에도 성령 하나님이 내주하심으로 내 삶의 주인이시며 '언제나 그곳에 계시는 분'이 오늘도 내 삶의 주인이심을 인정합니까?

• "인위 뚝! 신위 Go!"의 하루를 살고 난 기쁨과 좌절을 기록해 보세요. (전리품 찾기)

　하나님이 주인 되시는 나, 가정, 교회, 일터, 나라와 열방을 위해 기도합시다.

• 전리품 기록노트는 각 주차 끝에 있음.

*삶의 흔적을 기록하기*

# 통통 90일 성경일독 전리품 보물 창고

## 제 49일차 ~ 54일차

통통의 핵심 정신은 '인위(자기중심성)' 뚝! 신위 GO!입니다. 우리는 말씀 앞에서 자기중심성을 뚝 꺾고 신위 GO한 결과를 '전리품'이라고 합니다. 이 전리품들은 결국 우리의 삶의 변화로 나타나고, 또한 궁극적인 하나님 나라에까지 연결되는 것이기에 하늘의 보물 창고에 쌓는 연습을 위해 매주 '보물 창고'에 기록할 것입니다.

*(                    )조    *이름 : (                    )

| 읽은 성경 범위 : | 읽은 일 : 20        년        월        일 |
| --- | --- |
| | |

**보물창고 샘플**

● **9주: 이사야 14장..** 하나님의 나를 향한 인내와 사랑, 긍휼로 내가 살 수 있음을 기억합니다. 행여 내 안에 나의 공로로 된 것 처럼 여기는 교만이 자리 하지 않은지 돌아보며 내 안에 높아진 바벨론들을 주님께서 무너뜨려 주시길 소망합니다. 눈에 보이는 물질과 명예, 경력과 탐욕을 따라가는 삶이 아니라 진리와 사랑, 믿음을 우선하는 삶이 되길 기도합니다. 다시한번 주님의 긍휼과 오래 참으심을 기억하며 그 분을 찬양합니다.

포로 시대는 이스라엘 백성들에게 있어서 나라를 잃어버린 고난의 시대였습니다. 하나님은 언제나 고난을 복을 주시기를 위한 준비 기간이요 훈련의 시기이고, 복을 받을 그릇을 만드는 기간으로 삼으신다는 사실을 알아야 합니다. 고난 가운데 있는 이스라엘 백성들에게 고난의 종 메시야의 모습을 보여 주시며 소망과 회복의 희망을 불어 넣어 주십니다. 그러면서 욥기를 통해 고난은 정금같이 나오게 되는 연단임을 말해 줍니다. 욥기의 시대적 배경은 아브라함 시대이지만 여기서 읽는 것은 이때가 고난의 시대이기 때문에 고난을 다루는 욥기를 읽고 소망을 갖게 하려는 의도일 것입니다. 구전으로 전해 져 내려오던 욥의 이야기가 이때 집중 조명을 받게 되고 문서화하게 된 이유일 것입니다. 욥기는 "자기 의"를 통해서 자기중심성의 본성을 보여 주며, 참된 의, 즉 하나님과 참된 관계는 "자기 의"(자기중심성)가 내려져야 이루어지게 된다는 진리를 보여 줍니다.

AD 539년에 바벨론을 멸망시키고, 바사 메대를 세우시고 첫 번째 왕인 고레스를 이용해서 하나님은 백성들을 다시 가나안 땅으로 옮기십니다. 이것을 '제2의 출애굽(the second Exodus)'이라고 합니다. 하나님은 당신의 약속의 백성은 언제나 하나님의 약속의 땅에 머물기를 원하십니다. 이것은 오늘 우리에게도 그대로 적용됩니다. 나는 하나님의 약속의 땅에 머물고 있습니까? 그래서 그 복을 누리는 삶을 살아가고 있습니까? 만약 그렇지 못하다면 어떻게 해야 할까요?

### ⏱ 55일차 요약

이사야 후반부는 회복의 내용을 예언합니다. 이스라엘 백성들은 바벨론 포로에서 해방되어 남은 자들이 다시 고국으로 돌아올 것입니다. 세계 역사를 주관하시는 하나님께서 이방 왕 고레스를 통해서 그 뜻을 행하실 것입니다. 고레스는 하나님의 뜻에 따라 유다 포로들을 고국으로 돌아가게 칙령을 내리게 될 것입니다. 장차 귀환한 유다 포로들은 예루살렘 성을 중건할 것이고 성전의 기초가 다시 놓이게 될 것입니다.

하나님은 야곱으로 대표되는 이스라엘뿐만 아니라 땅의 모든 끝과 먼 섬에 사는 이방에게까지 구원의 역사를 이루셔서 여호와가 처음과 마지막이요, 하나님 외에는 다른 구속자가 없음을 온 열방이 알게 하실 것이고 그 분의 영광을 회복하실 것입니다. 하나님께서는 예수 그리스도를 통해 그분의 구속의 역사를 완성하실 것입니다. 이사야서의 '종의 노래'는 장차 오실 메시야의 사역이 어떤 내용 인지를 보여주십니다. 하나님의 뜻을 이루기 위해 선택된 이스라엘이 하나님의 사명을 이루는 일에 실패했지만 하나님은 다른 종 예수 그리스도를 보내실 것입니다. 그 분은 고난 받는 종의 삶을 통해 하나님의 구원역사를 이루실 것입니다. 이사야는 고난 받는 '종의 노래'를 통해 예수 그리스도의 사역이 무엇인지 보여주시고 또한 오늘날 하나님의 종인 우리의 사명이 무엇인지도 알게 하십니다.

## 55일

년    월    일

📖 오늘의읽을분량

사 40~55장

**55-1** 이사야는 바벨론 우상들이 여호와보다 강하다고 여긴 백성들에게 하나님이 어떤 분임을 강조하고 있습니까? - p 371

**55-2** 주권자이신 하나님은 자기 백성을 어떻게 대해 주십니까? - p 372

**55-3** 두려워하지 말라는 배경은 무엇입니까? - p 373

**55-4** 하나님께서 베풀어 주시는 가장 큰 사랑은 무엇입니까? - p 374

**55-5** 가장 큰 사랑은 하나님이 함께해 주시는 것입니다. 임마누엘 하나님께서 자기 백성을 향해 다시 확실하게 약속해 주시는 것은 무엇입니까? - p 375

**55-6** 우리를 기억하시고 필요를 아시는 하나님께서 하나님의 종을 보내주실 것을 약속하십니다. 구약에서 여호와의 종은 누구를 가리킵니까? - p 375

**55-7** 메시야이신 예수님이 오셔서 할 일이 무엇이라고 하십니까?(사 53장 참조) - p 376

🌷 말씀이 삶이 되는 하루·· 55 일째

• 우리의 이름을 손바닥에 새기시고 절대 잊지 않으시는 하나님의 마음을 묵상하십시오.

• 내 개인의 삶에서 나를 잊지 않으시며 동행해 주시는 하나님의 사랑에 반응하는 삶을 살아가도록 결단하며 기도하십시오.

• "인위 뚝! 신위 Go!"의 하루를 살고 난 기쁨과 좌절을 기록해 보세요. (전리품 찾기)
하나님이 주인 되시는 나, 가정, 교회, 일터, 나라와 열방을 위해 기도합시다.

• 전리품 기록노트는 각 주차 끝에 있음.

삶의 흔적을 기록하기

인위뚝! 신위GO!

⏱ **56일차 요약**   족장시대에 살았다고 추정되는 욥은 하나님을 경외하고 온전하여 악에서 떠난 부자였습니다. 욥의 온전한 믿음에 대해 사탄은 어느 날 하나님께 그의 믿음의 근거가 그가 누리는 축복 때문이라고 욥을 참소합니다. 하나님께서는 그의 생명을 제외하고 그 나머지 모든 소유와 그의 자녀들 그리고 그의 육체의 건강까지도 빼앗아 욥의 믿음에 대한 사탄의 참소에 대응하여 욥의 고난을 허락하십니다.

욥에게 극심한 고난이 닥치자 그의 아내까지도 그의 믿음을 경멸했습니다. 마침내 그의 세 친구들이 욥을 위로하러 옵니다. 세 친구들은 욥의 고난에 대해 권선징악적 인과응보적인 관점으로 욥의 고난을 해석하고 욥이 자신과 자신의 가정의 죄를 인정할 것을 종용합니다. 그러나 이러한 세 친구들의 의견에 대해 욥은 처음에는 믿음의 자세를 유지하나 견디기 극심한 고난이 더해오자 자신의 상황을 탄식하며 차라리 자신이 태어나지 않았으면 더 좋았으리라고 한탄합니다.

욥기는 믿음의 사람이 이 세상에서 감당할 수 없는 고난을 당할 때 성도가 취해야할 궁극적인 믿음의 태도가 어떠해야 하는지를 다룹니다. 욥기는 의인이 어찌하여 이해할 수 없는 고난을 당하는가 하는 물음 보다 의인에게 고난을 허락하시는 하나님의 절대주권에 대한 인정이 얼마나 더 중요한가 하는 것을 보여줍니다. 인간의 하나님에 대한 지식의 한계와 자신의 의의 불완전함을 인정하고 어떤 환경에서도 하나님의 절대주권 앞에 무릎을 꿇을 수밖에 없는 것이 인간 존재인 것을 깨닫게 하십니다.

📖 **오늘의읽을분량**

잠 22:17~24장
잠 30~31장
욥 1~11장

# 욥기

**56-1** 욥기는 어느 시대를 배경으로 하고 있으며, 욥기의 큰 주제는 무엇입니까? – p 377

**56-2** 친구들이 이해할 수 없는 고난을 당한 욥을 돕는다고 어떻게 접근하고 있습니까? – p 378

**56-3** 욥기는 고난당하고 있는 사람들에게 무엇을 가르쳐 주고 있습니까? – p 379

**56-4** 욥기에서는 신정론의 문제를 어떻게 다루고 있습니까? – p 380

**56-5** 이 사실이 어떻게 드러나고 있습니까? 욥이 고통 가운데 하나님과의 대면 전과 후의 태도에서 이 사실을 어떻게 다루고 있는지 찾아보십시오. – p 380
"고통 당할 때의 관건은 하나님의 절대 주권을 인정하느냐입니다."

**56-6** 하나님의 절대 주권을 인정하지 않는 자들이 주로 취하는 태도는 무엇입니까? – p 382
"교회가 어려움이 있을 때 입만 닫아도 99%는 해결됩니다."

🌷 *말씀이 삶이 되는 하루·· 56일째*

• 나에게는 욥의 친구와 같은 특성은 없는지 한번 성찰해 보세요.

• 매사를 하나님의 관점보다는 내 관점, 즉 인과응보, 권선징악의 패러다임으로 세상의 고난을 판단하고 있지는 않는가요?

• "인위 뚝! 신위 Go!"의 하루를 살고 난 기쁨과 좌절을 기록해 보세요. (전리품 찾기)
하나님이 주인 되시는 나, 가정, 교회, 일터, 나라와 열방을 위해 기도합시다.

• 전리품 기록노트는 각 주차 끝에 있음.

*인위뚝! 신위GO!*

# 57일

년    월    일

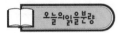

**오늘의읽을분량**

욥 12~24장

🕐 **57일차 요약**    욥의 세 친구 엘리바스와 빌닷과 소발은 각자 하나님께서 욥에게 고난을 허락하시는 이유에 대해 자신의 입장을 차례로 반복하여 이야기합니다. 그러나 그 세 친구들 중 어느 한 사람도 욥이 당하는 고난을 온전히 해석하지 못하고 오히려 욥에게 심적인 고통을 가중시킵니다. 욥의 세 친구는 그의 고난의 근거가 하나님의 주권으로 하늘의 영계에서 시작되었다는 것을 인식하지 못하고 단지 욥과 그의 가정이 지은 죄악만을 그가 당하는 고난의 원인의 전부로 보고 있기 때문입니다.

그 세 친구들은 모두 욥이 고난당하는 것은 그가 지은 죄악에 대한 결과라고 믿고 욥이 자신의 죄를 인정하지 않고 의로운 체하는 것에 대해 신랄하게 비난합니다. 이에 대해 욥은 그 세 친구들이 아는 하나님에 대한 지식은 자신도 이미 알고 있으며 그 세 친구는 모두 그의 고난의 무게를 가중시키고 욥의 슬픔을 한층 더 짓누르는 헛된 위로자들 이라고 말합니다.

그리고 욥은 그 어떤 사람의 말로도 자신의 고난의 문제를 파악할 수도 해결할 수도 없음을 깨닫고 최종적으로 하나님만이 자신의 가는 길을 알고 계신 분인 것을 인정합니다. 설령 장차 자신이 죽게 되더라도 자신은 육체 밖에서 하나님을 볼 것이고 그 분을 뵐 때 결코 낯선 분을 대하듯 뵙지 않을 것을 고백 합니다.

🌷 *말씀이 삶이 되는 하루·· 57일째*

• 고난에 대한 욥의 친구의 인식이 어떤지를 복습하면서 생각해 보세요.

• 하나님이 인간에게 고난을 주는 이유를 묵상하고 그것을 내가 받고 있다고 생각되는 고난과 연결해 보세요.

• 하나님의 명령을 지키며 하루를 산 기쁨은 어떤 것이었습니까? (전리품 찾기)
하나님이 주인 되시는 나, 가정, 교회, 일터, 나라와 열방을 위해 기도합시다.

• 전리품 기록노트는 각 주차 끝에 있음.

*삶의 흔적을 기록하기*

인위뚝! 신위GO!

**🕐 58일차 요약** 욥과 세 친구들이 서로 열심히 자기주장을 마치자 이들의 대화를 듣고 있던 엘리후가 드디어 말을 시작합니다. 비록 그는 그들 보다 연소했지만 하나님의 절대주권과 의인의 고난에 대한 그의 주장에 대해 하나님께 책망을 받지 않았습니다. 마침내 하나님께서는 욥의 문제를 해결하시기 위해 수 십 가지의 질문을 욥에게 던지십니다. 만물을 창조하시고 운행하시는 하나님의 능력과 지혜에 관련된 수많은 질문들에 대해 욥이 하나도 대답할 수 없음을 깨닫게 하십니다. 하나님께서 욥에게 물으신 창조의 능력과 지혜와 관련된 많은 질문들을 통해 욥은 마침내 자신의 지식과 능력의 한계와 인간의 자기 의의 불완전함을 깨닫게 됩니다. 욥은 결국 자신이 당한 고난 속에서 창조주 하나님의 주권적 섭리와 통치를 인정하지 못했던 연약한 모습을 회개하게 됩니다.

마지막으로 하나님께서는 욥을 정죄한 세 친구들을 책망하시며 하나님께서 지정하신 번제물을 욥에게 가져가 번제를 드리게 하십니다. 욥에게는 또한 그 제사와 함께 그들을 위한 중보기도를 하게 하심으로 그들과의 관계를 회복시켜 주셨습니다. 욥 또한 다시 자녀와 물질이 회복되고 늙어 나이가 찰 때까지 생명을 누리는 은혜를 입게 하셨습니다.

📖 **오늘의 읽을분량**

**욥 25~42장**

**58-1** 엘리후의 주장은 무엇입니까? - p 383

**58-2** 하나님께서 욥에게 하는 질문을 통해 욥이 배운 것은 무엇입니까? - p 384

**58-3** 욥에게 고난당하도록 허용하신 하나님께서 결국 욥을 어떻게 회복시켜 주십니까?
"욥이 당한 고난은 과정이지 결론이 아닙니다." - p 384

"시험에 떨어지는 것보다 하나님과 떨어지는 것이 더 슬픈 일이기에 우리는 하나님과 함께 하기로 했습니다."
- 임용고시를 치른 어느 선생의 고백

**58-4** 하나님은 사탄이 충동질하는 것을 알고도 왜 욥을 치도록 허락하셨을까요? - p 385

🌷 **말씀이 삶이 되는 하루·· 58일째**

• 욥 42:1-6에서 욥의 변화를 묵상하세요. 욥 23:10에서와 같이 연단 받고 정금같이 나온 욥의 모습입니다. 그 핵심은 신위 앞에 인위가 내려지고 자기중심성이 변화된 모습입니다. 나의 변화도 이런 변화가 되어야 하지 않을까요?

• 이런 변화를 위해 나에게 주어진 고난이 있다면 어떻게 해야 할지를 기도하며 나누어 보세요.

• "인위 뚝! 신위 Go!"의 하루를 살고 난 기쁨과 좌절을 기록해 보세요. (전리품 찾기)
하나님이 주인 되시는 나, 가정, 교회, 일터, 나라와 열방을 위해 기도합시다.

• 전리품 기록노트는 각 주차 끝에 있음.

삶의 흔적을 기록하기

# 09 포로 귀환 시대

아래 지도로 포로 귀환 시대까지 줄거리를 말해 보세요.

📖 오늘의읽을분량

대하 36:22, 23
스 1~4:5
스 4:24~5:1
학 1~2장

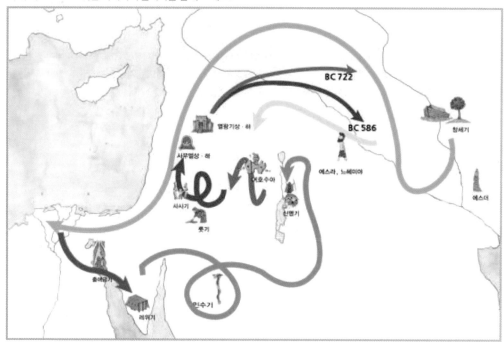

🕐 **59일차 요약**    하나님께서는 선지자들의 예언대로 BC 539년에 바사 왕 고레스를 통해서 유다의 포로들이 다시 예루살렘으로 귀환할 수 있게 하셨습니다. 바벨론에 정착해서 살고 있던 유다인들 중에 제사장과 레위인들을 포함한 약 오만 명의 백성들이 스룹바벨의 인도로 유다 땅으로 1차 귀환했습니다. 그들은 예루살렘으로 돌아와 무너진 성전의 토대를 다시 놓았습니다. 그러나 북쪽의 사마리아인들의 방해에 부딪혀 성전공사가 16년 동안이나 중단되자 하나님께서는 학개와 스가랴 선지자를 통해서 성전건축의 완공을 격려하셨습니다. 학개 선지자는 성전건축 보다 자신들의 살 집에 먼저 마음을 쓰고 있는 유다 백성들에게 삶의 우선순위를 회복하여 성전을 속히 완공할 것을 말씀하십니다. 마음을 강하고 굳세게 하여 성전완공을 통해 하나님 중심의 삶을 회복하라고 말씀하십니다.

학개 선지자는 지금 포로귀환 백성들이 재건하는 스룹바벨 성전뿐만 아니라 장차 메시야를 통해 열방 가운데 회복하실 영광스러운 하나님 나라를 바라봅니다. 포로에서 돌아와 성전을 재건하는 일을 하고 있는 포로귀환 백성들의 사명이 장차 온 세상을 향하신 하나님의 구원계획의 관점에서 볼 때 얼마나 중요한 일인지를 말씀합니다. 학개 선지자를 통한 하나님의 격려에 힘입어 유다 포로들은 중단된 성전건축을 완공했습니다.

**59-1** 포로귀환 시대의 주요 사건은 무엇입니까? – p 388

**59-2** 포로 귀환은 하나님께서 선지자들을 통해 하신 약속의 성취입니다.
이를 통해 나타나는 하나님의 마음은 무엇입니까? – p 389

인위뚝! 신위GO!

# 에스라 1-6장

**59-3** 에스라서의 기록 목적은 무엇입니까? – p 390

**59-4** 1차 포로 귀환 후 한 일들은 무엇입니까? – p 390

**59-5** 70년이나 살았던 바벨론에서 폐허가 된 고국으로 돌아온 이유는 무엇일까요?
"신앙은 본성을 초월해서 사는 것입니다." – p 392

**59-6** 자기 백성을 귀환시키기 위해 하나님께서 하신 일은 무엇입니까? – p 392

**59-7** 귀환 후 성전건축(BC 520)을 먼저 시작한 이유는 무엇입니까? – p 393

**59-8** 영적 우선순위대로 살아도 겪게 되는 것은 무엇입니까? – p 394

# 학개

**59-9** 학개 선지자의 사역 시기는 언제입니까? – p 395

**59-10** 학개 선지자가 사역할 당시의 정황은 어떻습니까? – p 396

---

🌷 *말씀이 삶이 되는 하루 ·· 59일째*

- 성전(막)의 의미를 구속사적 관점에서 잘 숙지하십시오.
(본교재 p248-250 참고)
- 학개 1장에서 돌아 온 귀향민의 우선순위가 바뀐 것을 볼 수 있습니다. 성전 재건을 포기하고 자기 집을 짓고 있는 것을 질타합니다.(1:3)
오늘 당신의 우선순위를 성경의 통전적 원리에 의해 점검해 보세요. 무엇이 잘못 되었고 왜 그렇게 되었으며, 어떻게 조정할 수 있을까요?

- "인위 뚝! 신위 Go!"의 하루를 살고 난 기쁨과 좌절을 기록해 보세요. (전리품 찾기)
하나님이 주인 되시는 나, 가정, 교회, 일터, 나라와 열방을 위해 기도합시다.

• 전리품 기록노트는 각 주차 끝에 있음.

# 60일

년 월 일

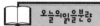

숙 1~8장
스 5:2~6장
단 6장

⏱ **60일차 요약**  포로귀환 백성들이 예루살렘에 돌아온 이후의 역사는 에스라에 의해 기록되었습니다. 에스라는 귀환 백성들이 예루살렘에 성전을 재건하는 일을 착수하고 중도에 방해를 받았지만 학개와 스가랴 선지자의 격려를 통해 성전 재건을 완공한 상세한 내용을 에스라서 전반부에서 기록하고 있습니다.

스가랴 선지자는 학개와 같은 시기에 그와 동일한 성전재건에 대한 격려의 메시지를 전합니다. 스룹바벨과 여호수아로 대표되는 포로 귀환 백성들이 성전을 재건하게 하심으로 하나님께서는 그 곳에 하나님의 임재와 영광을 다시 회복시켜주실 것입니다. 황폐했던 예루살렘은 다시 사람들이 많아지고 예루살렘은 하나님의 임재를 나타내는 불로 둘러싼 성곽이 될 것입니다. 포로귀환 백성들의 성전재건과 하나님의 임재의 회복은 장차 하나님께서 일으키실 예수 그리스도를 통한 하나님 나라를 완성하기 위한 기초를 다시 세우는 일이므로 귀환백성들은 선지자들의 격려를 통해 성전재건의 진정한 의의를 깨닫고 다시 중단된 일을 계속하게 됩니다. 또한 하나님께서는 성전재건의 정치적 방해 공작에 대해 바사의 고레스 왕 이후 바사의 다리오왕의 공식적인 도움을 입도록 도우심으로 성전을 건축하여 예루살렘에 귀환한 유다 백성들과 하나님과의 관계가 다시 회복되도록 하셨습니다.

# 스가랴

**60-1** 스가랴의 사역 시기와 선포 내용은 무엇입니까? – p 398

**60-2** 하나님께서 금식을 책망하신 이유는 무엇입니까? – p 400

**60-3** 스가랴의 사역으로 인한 결과는 무엇입니까? – p 401
"하나님이 계획하신 것은 인간의 반대가 있어도 역전됩니다."

💬 *말씀이 삶이 되는 하루‥ 60 일째*

• 슥 4:6을 묵상하세요. 힘이나 능력으로 되지 않고 하나님의 영으로 된다고 했습니다.
사도행전 1:8에서도 성령의 권능을 받으라고 강조합니다. 행하시는 이는 여호와이시라는 의미입니다.

• 나의 일상의 삶에서 나를 죽이고 성령의 권능으로 행하고 있는 점은 얼마나 많은가요?

• "인위 뚝! 신위 Go!"의 하루를 살고 난 기쁨과 좌절을 기록해 보세요. (전리품 찾기)
하나님이 주인 되시는 나, 가정, 교회, 일터, 나라와 열방을 위해 기도합시다.

• 전리품 기록노트는 각 주차 끝에 있음.

*삶의 흔적을 기록하기*

*인위뚝! 신위GO!*

# 통통 90일 성경일독 전리품 보물 창고

통통의 핵심 정신은 '인위(자기중심성)' 뚝! 신위 GO!입니다. 우리는 말씀 앞에서 자기중심성을 뚝 꺾고 신위 GO한 결과를 '전리품'이라고 합니다. 이 전리품들은 결국 우리의 삶의 변화로 나타나고, 또한 궁극적인 하나님 나라에까지 연결되는 것이기에 하늘의 보물 창고에 쌓는 연습을 위해 매주 '보물 창고'에 기록할 것입니다.

*(                    )조    *이름 : (                    )

| 읽은 성경 범위 : | 읽은 일 : 20      년      월      일 |
| --- | --- |

**보물창고 샘플**

● **10주:** 욥기 42:1-6 에서 욥의 변화를 묵상하라.

23:10은 연단 받고 정금같이 나온 욥의 모습이다. 그 핵심은 신위 앞에 인위가 내려지고 자기중심성이 변화된 모습이다.

나의 변화도 이런 변화가 되어야 하지 않을까?

1차포로가 귀환한지 55년이 지나자 하나님께서 전면에 나타나지는 않지만 귀환하지 않은 자기 백성들을 보호하시려는 주권적 역사를 시작하십니다. 크세르크세스의 분노를 사용하셔서 와스디를 폐위하고 에스더를 왕후의 자리에 세우십니다. 사탄은 하만을 통해 이스라엘을 진멸하고자 했으나 결국 죽으면 죽으리라는 각오를 가진 에스더를 통해 바사에 남은 유대 민족을 구하게 하시고 부림절로 기념하게 하십니다. 부림절 사건이 일어난지 15년 후 에스라를 통해 2차 포로들이 귀환합니다. 귀환한 에스라는 백성들의 신앙 개혁운동을 전개합니다. 율법을 가르치고, 성경 읽기 운동을 전개합니다. 말씀 앞에 선 백성들에게 회개의 운동이 일어납니다. 스룹바벨, 에스라, 느헤미야의 성전 건축, 성벽 재건과 말씀 회복 운동을 전개하지만 유다 백성들은 진정으로 자기중심성 내려놓기를 다시 실패합니다. 구약의 역사는 말라기로 그 실패의 역사가 끝납니다. 이사야가 예언한 대로 하나님의 구속의 역사는 고난의 종 메시야가 옴으로 새롭게 시작될 것입니다.

# 61일
### 년    월    일

### 오늘의읽을분량
대상 1~9:34
에 1~2장

🕐 **61일차 요약**    에스라는 포로로 끌려갔던 유다 백성들의 후손으로 예루살렘에 1차로 귀환한 백성들이 성전을 완공하고 나서 약 60년 후에 2차로 유다 백성들과 함께 예루살렘으로 돌아옵니다. 그는 포로시대를 지나는 동안 잊혀진 자신의 민족의 정체성의 뿌리를 다시 찾기 위해 열왕기서와는 다른 관점으로 역사를 다시 기록하는데 그 책이 역대상하입니다. 에스라는 자신의 민족의 길고 긴 역사를 짧게 요약하고 그 역사를 포로시대의 역사서인 에스라서와 느헤미야서와 연결하기 위해 아담으로 시작되는 창조시대로부터 포로귀환 시대까지를 역대상 1상부터 9상까지 이어시는 속보를 농해 싱리했습니다. 따라서 역대상의 족보를 통한 역사 기록은 자연히 그 이후의 에스라 느헤미야의 역사로 연결됩니다.

역대상의 족보는 아담, 셋, 노아, 셈, 아브라함, 이삭, 야곱, 유다를 거쳐 다윗에게 이르고 단순히 이스라엘의 왕사를 요약하기 보다는 다윗의 계보와 다윗의 성전중심의 예배문화에 중점을 둠으로 장차 다윗의 후손으로 오실 예수 그리스도를 향하고 있습니다. 이렇게 역대기의 족보는 아브라함과 다윗의 후손으로 오실 신약의 예수그리스도의 족보와 연결되는 다리의 역할을 해 줍니다.

# 에스더

**61-1** 에스더가 왕비로 간택되는 것은 1차 포로 귀환 후 얼마나 지난 후에 일어난 사건입니까?
    – p 403

**61-2** 에스라와 느헤미야와 에스더의 사역 대상은 각각 누구입니까? – p 405

**61-3** 바사에 남아 있는 자기 백성을 보호하려는 하나님의 섭리가 어떻게 시작되고 있습니까?
    (에 1~2장 참조) – p 406

**61-4** 에스더 사건의 구속사적 의미는 무엇입니까? – p 406

**61-5** 에스더서는 하나님이라는 단어가 전혀 언급되지 않지만 하나님의 주권적 섭리가 어떻게 나타나고 있습니까? - p 407

---

### 🤚 말씀이 삶이 되는 하루·· 61 일째

• 에스더서에는 '하나님'이라는 단어가 전혀 나오지 않지만 모든 상황이 하나님의 섭리의 손길로 이루어가고 있음을 확연히 볼 수 있습니다.

• 나의 일상의 삶에서도 나를 하나님의 섭리의 손길로 인도하고 계심을 체험하고 있습니까? 그렇지 않다면 어떻게 해야 할까요?

• "인위 뚝! 신위 Go!"의 하루를 살고 난 기쁨과 좌절을 기록해 보세요. (전리품 찾기)
하나님이 주인 되시는 나, 가정, 교회, 일터, 나라와 열방을 위해 기도합시다.

• 전리품 기록노트는 각 주차 끝에 있음.

*삶의 흔적을 기록하기*

# 62일

오늘의읽을분량

에 3~10장
스 4:6-23
스 7~10장

🕐 **62일차 요약**  하나님께서는 바벨론 땅에 잡혀간 유대인들의 후손들 중 예루살렘으로 귀환하지 않고 바사 제국의 통치 아래서 계속 흩어져 살고 있는 유대인들 또한 어떻게 그분의 섭리 가운데 구원하시고 보호하시는 지를 에스더서를 통해 보여 주십니다.

하나님께서는 에스더 자신이 마침 그 때 바사의 왕비라는 특별한 지위를 얻게 하신 하나님의 구체적인 뜻을 사촌 모르드개를 통해 깨닫게 하셔서 자기 민족을 멸절당할 위기에서 구원하는 통로로 쓰임 받게 하셨습니다. 비록 포로의 신분이지만 하나님의 백성으로서의 정체성을 유지하고 있었던 모르드개와 에스더를 통해 하나님께서는 흩어진 유대민족 전체가 그들을 멸절시키려는 음모에서 구원을 얻게 하셨습니다.

한편 예루살렘 땅에서는 에스라가 페르시아에서 백성들과 함께 두 번째로 귀환하게 됩니다. 에스라는 이미 성전을 짓고 예루살렘에 살고 있지만 하나님의 율법을 제대로 알지 못하고 또 다시 여러 세상문화와 섞여서 살고 있는 유대인들에게 하나님의 율법을 연구하고 준행하며 가르치기로 결단합니다. 에스라는 예루살렘에서 백성들을 모아 하나님의 말씀을 통한 부흥을 주도했을 뿐만 아니라 심지어 이방 여인을 아내로 맞아 그 아내들의 종교를 따라 섞여서 구별된 삶을 살지 못하는 지도자들과 제사장들의 가정에서 이방 여인들을 다시 돌려보내기까지 그들의 삶의 현장을 하나님의 말씀으로 개혁합니다.

**62-1** 하나님은 바사의 풍습들을 사용하여 주권적 섭리를 더 명확하게 드러내십니다.
어떤 풍습들이 있습니까? - p 408

**62-2** 포로지에 남은 유대인들을 보호하신 이 사건으로 인해 만들어진 절기는 무엇입니까? - p 409

**62-3** 부림절 사건이 일어난지 15년 후 에스라에 의해 2차 포로들이 귀환합니다.
귀환 후 에스라는 어떤 일들을 했습니까? - p 409

**62-4** 회개의 결과로 이방 여인과 결혼한 자들에게 요청하는 것은 무엇입니까? - p 409

🌷 **말씀이 삶이 되는 하루·· 62 일째**

• 에스라의 신앙 갱신 운동을 통해서 회개의 표시로 이방인과의 결혼을 무효로 하고 이혼을 하게 하는 것을 읽었습니다. 그 이유가 비로 하나님의 백성은 섞이는 삶을 살면 안 된다고 하신 하나님의 규례 때문입니다. 시내산 언약으로 하나님의 백성이 된 이스라엘은 우상 문화가 창궐한 가나안 땅에 들어가면 절체절명으로 그 지역의 우상문화와 섞이면 안 되는 것입니다. 그 지역 이방인들과의 결혼은 아주 쉽게 섞이게 합니다.

• 오늘 나는 무엇과 이혼을 해야 합니까?

• "인위 뚝! 신위 Go!"의 하루를 살고 난 기쁨과 좌절을 기록해 보세요. (전리품 찾기)
하나님이 주인 되시는 나, 가정, 교회, 일터, 나라와 열방을 위해 기도합시다.

• 전리품 기록노트는 각 주차 끝에 있음.

*삶의 흔적을 기록하기*

인위뚝! 신위GO!

🕐 **63일차 요약**   느헤미야는 에스라가 예루살렘에 돌아온 후 약 12년 뒤에 예루살렘 성의 황폐한 상태에 대한 소식을 듣고 수 일 동안 금식하며 기도하는 가운데 바사의 아닥사스다 왕의 허락을 받고 3차로 예루살렘에 돌아옵니다. 느헤미야는 안 밖의 극심한 반대와 가난에도 불구하고 탁월한 리더십을 통하여 모든 백성들이 협력하여 약 52일만에 성벽재건을 완성하게 됩니다.

성벽재건을 통해 하나님과의 바른 관계를 통한 삶이 유지되고 보호받도록 한 후에 에스라와 총독 느헤미야는 함께 연합하여 나팔절에 수문 앞 광장에서 8일 동안 집회를 열었습니다. 하나님의 말씀을 낭독하고 백성들이 그 말씀을 깨닫도록 도우며 자신의 조상들이 하나님의 언약을 지키지 못한 것을 회개하고 다시 언약을 회복하고 갱신합니다.

요엘서는 곧 다가올 여호와의 날에 있을 심판에 대해 경고하여 전국적인 금식과 기도의 날을 정하고 마음을 찢고 회개하며 여호와께로 돌이킬 것을 요구합니다. 요엘 선지자는 비록 심판이 임박했지만 이제라도 금식하며 애통하며 회개하는 자들에게 있을 풍성한 삶의 회복을 약속하십니다. 또한 장차 하나님의 백성들에게 성령을 부어주셔서 하나님의 통치가 그들 가운데 회복되게 하실 것을 약속했습니다.

**오늘의읽을분량**

느 1~10장
욜 1~3장

# 느헤미야

**63-1** 느헤미야는 어떤 사람입니까? – p 410

**63-2** 느헤미야의 사역 시기와 당시 예루살렘 상황은 어떠했습니까? – p 410

**63-3** 아닥사스다 왕의 허락을 받아 3차 포로 귀환을 인도한 느헤미야는 예루살렘에 가서 무슨 일을 했습니까? – p 412

**63-4** 느헤미야의 탁월한 지도력에서 배울 점은 무엇입니까?  – p 412

**63-5** 성벽 완성을 통해 우리에게 주시는 메시지는 무엇입니까? – p 412

**63-6** 성전 재건과 성벽 재건이 끝난 후 느헤미야와 에스라를 통해 일어나는 운동은 무엇입니까? "개혁은 항상 말씀으로부터 시작됩니다." – p 413

# 요엘

**63-7** 요엘 선지자가 사역한 시기는 언제입니까? – p 413

**63-8** 하나님께서 요엘 선지자를 통해 강조하신 것은 무엇입니까? – p 415

**63-9** 여호와의 날은 어떤 날입니까? – p 415

**63-10** 그러니 이제라도 어떻게 하라고 요청하십니까? (욜 2:12-14 참조) – p 415

🌷 *말씀이 삶이 되는 하루‥ 63 일째*

• 심판을 선포하고도 회개하고 돌아오면 다시 회복시키겠다고 하시는 하나님의 마음을 느껴 보세요.

• 하나님께서 내게 심판을 선언하실 수 밖에 없는 이유가 있음에도 불구하고 회개하기를 기다리시고 있지 않는지를 점검해 보세요. 그리고 힘써 기도하십시오.

• "인위 뚝! 신위 Go!"의 하루를 살고 난 기쁨과 좌절을 기록해 보세요. (전리품 찾기)
하나님이 주인 되시는 나, 가정, 교회, 일터, 나라와 열방을 위해 기도합시다.

• 전리품 기록노트는 각 주차 끝에 있음.

*삶의 흔적을 기록하기*

통큰 통독

*인위뚝! 신위GO!*

🕐 **64일차 요약**　시편 1편은 인생의 두 갈래 길을 보여줍니다. 복 있는 자는 여호와의 율법을 즐거워하여 그 율법을 주야로 묵상하며 지켜 행하는 자들입니다. 반면에 악인들은 하나님의 말씀과는 상관없는 삶을 살아 결국 심판을 견디지 못하고 망하게 됩니다.

시편 119편도 성경 모든 장들 중 가장 긴 구절과 독특한 구성을 통해 하나님의 말씀의 특성을 노래합니다. 각 절 마다 율법, 도, 증거, 계명, 법도, 판단, 의, 율례, 진리, 교훈, 규례 등으로 하나님의 말씀을 다각도로 묘사합니다. 이를 통해 시편 기자는 자신이 하나님의 말씀을 얼마나 크게 즐거워하며 지켜 행해야 할 삶의 기준으로 삼고 있는 지를 보여줍니다.

또한 시편 120~134편은 모두 성전에 올라가는 노래들입니다. 이 시편들은 이스라엘 백성들이 정한 절기에 성전에 올라갈 때 불리워진 시편들입니다. 하나님의 임재의 상징인 성전에 올라갈 때 하나님께서 이스라엘을 위해 행하신 큰일들을 기억하고 하나님의 긍휼하심과 인자와 도우심을 바라보며 이 시편들을 노래했습니다. 특히 여호와께서 이스라엘 백성들을 포로에서 다시 예루살렘으로 돌려보내실 때에 그들은 감격스런 마음을 놓치지 않고 '여호와께서 시온의 포로를 돌려보내실 때에 우리는 꿈꾸는 것 같았도다'라고 고백합니다.

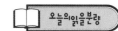

**오늘의 읽을 분량**

시 1, 91, 119편
느 11~12:30
시 120-127편

---

**64-1**　율법을 주야로 묵상하는 자가 복이 있다고 강조하게 된 배경은 무엇입니까? - p 415

**64-2**　시편 1편에서 복있는 자란 어떤 의미입니까? - p 416

**64-3**　시편 1편에서 두 갈래의 길을 보여주는 이유는 무엇입니까? - p 416

**64-4**　하나님께서 신위를 선택한 자들을 어떻게 대해 주십니까? (시 91:1, 14 참조) - p 416

**64-5**　신위로 사는 자의 특징은 무엇입니까? (시 119편 참조) - p 416

---

🌷 **말씀이 삶이 되는 하루‥ 64 일째**

• 시편 1편의 기자는 복 있는 자와 그렇지 못한 자의 판단 근거를 무엇이라고 말하고 있나요?

• 그렇다면 나는 복 있는 자인가요? 왜 그렇게 생각하세요?

• 하나님의 명령을 지키며 하루를 산 기쁨은 어떤 것이었습니까? (전리품 찾기)
하나님이 주인 되시는 나, 가정, 교회, 일터, 나라와 열방을 위해 기도합시다.

• 전리품 기록노트는 각 주차 끝에 있음.

*삶의 흔적을 기록하기*

# 65일

년  월  일

오늘의읽을분량

시 128~134편
느 12:31-47
시 104, 107, 111,
112, 113편

⏱ 65일차 요약　시편 기자는 하나님께서 어떤 분이시고 무슨 일을 행하셨는지를 이야기하며 하나님의 선하심과 인자하심과 인생에게 행하신 기적으로 인해 하나님께 끊임없이 감사하고 찬양합니다. 하나님은 그분의 말씀을 떠나고 거역한 백성들에게 고난을 통해 징계하시나 그들이 환난 중에 죄를 깨닫고 돌이켜 하나님을 찾으면 그들을 흑암과 사망의 그늘에서 구원하시되 그의 말씀을 보내셔서 위험한 지경에서 구원해주십니다. 또한 하나님과의 관계가 회복된 백성들을 평온한 가운데 그들이 바라는 소원의 항구에 이르도록 함께해주실 것입니다. 시편기자는 인생에게 복을 주사 번성하게도 하시고 압박과 재난을 허락하사 그들을 낮추시기도 하시는 주권이 오직 하나님께 있음을 인정하고 창조세계와 인생에서 겪는 모든 일들을 통해 하나님을 경외하는 지혜를 얻기를 설득합니다. 다윗을 기억하시고 시온을 택하신 언약의 하나님, 그의 백성들을 포로에서 다시 돌아오게 하신 하나님은 자신을 바라는 그의 백성들을 속량하시고 영원히 함께하실 것입니다. 그러나 하나님과 그분의 말씀을 무시하는 자들의 일시적인 흥왕함은 끝내 수치를 당하고 그 존재도 찾아볼 수 없게 하실 것입니다.

**65-1** 신위로 성벽을 봉헌한 결과가 어떻게 나타나고 있습니까?(느 12:43 참조) - p 417

# 66일

년  월  일

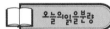

오늘의읽을분량

시 114~118, 135, 136,
146~150편

⏱ 66일차 요약　시편기자는 여호와의 인자하심이 크시고 그 진실하심이 영원함을 여러 시편에서 강조하여 반복합니다. 특히 이스라엘 백성들이 애굽의 노예에서 해방되어 하나님의 방법으로 구원을 얻고 홍해를 기적으로 건너 광야를 통과하여 땅을 기업으로 얻기까지 하나님께서 행하신 과거의 역사들을 생생하게 회고하며 찬양합니다.
또한 이스라엘 백성들을 포로로 흩으셨다가 70년 만에 다시 예루살렘으로 귀환하게 하여 성전과 성벽을 재건하게 하시고 다시 그들을 말씀으로 개혁하게 하신 하나님을 찬양합니다. 그뿐 아니라 지금도 여전히 억눌린 자들과 주린 자들, 갇힌 자들, 맹인들과 나그네, 고아와 과부들을 구원하시고 장차 악인들을 심판하실 하나님을 찬양합니다. 이에 반해 열방이 섬기고 있는 우상들은 아무런 능력이 없으며 도울 힘이 없으므로 감사와 찬양의 대상이 될 수 없습니다.
시편기자는 목소리뿐만 아니라 춤추며 나팔과 비파와 수금과 여러 악기들을 동원하여 성소에서 그리고 그가 지으신 온 우주만물 가운데서 하나님을 찬양하는 일이 하나님의 백성에게 마땅한 일임을 깨닫게 합니다.

**66-1** 신위로 사는 자는 도움과 방패이신 여호와를 향해 어떤 태도를 취합니까?(시 115:9-14 참조) - p 417

▶신위로 사는 자는 어떤 상황을 만나든지 평생 하는 것이 무엇입니까?(시 116:1-4 참조)

▶신위로 사는 자는 이루어진 모든 일들에 대한 영광을 누구에게 돌리고 있습니까?(시 135:1-6 참조)

인위뚝! 신위GO!

# 통통 90일 성경일독 전리품 보물 창고

통통의 핵심 정신은 '인위(자기중심성)' 뚝! 신위 GO!입니다. 우리는 말씀 앞에서 자기중심성을 뚝 꺾고 신위 GO한 결과를 '전리품'이라고 합니다. 이 전리품들은 결국 우리의 삶의 변화로 나타나고, 또한 궁극적인 하나님 나라에까지 연결되는 것이기에 하늘의 보물 창고에 쌓는 연습을 위해 매주 '보물 창고'에 기록할 것입니다.

*(                    )조   *이름 : (                    )

| 읽은 성경 범위 : | 읽은 일 : 20        년        월        일 |
| --- | --- |

보물창고 샘플

● **11주: 느헤미야의 리더십을 묵상해 보라.**
느헤미야의 주도하에 52일 만에 예루살렘 성벽 재건 작업을 모두 끝낸다. 이 놀라운 일이 어떻게 가능할 수 있었을까? 하나님이 그들과 함께 하셨기 때문에, 모든 역경을 극복하고 마침내 목표를 달성할 수 있었다(느 6:25-26). 결국 인간이 행하는 것이 아니고, 하나님이 행하신다는 사실에서 초점이 떠나지 않도록 하라(잠 16:3, 9). 인위가 아니고 신위이다. 무엇을 느끼는가?

## 12주차에 읽을 범위의 주요 개요

말라기는 그야 말로 이스라엘 백성과 하나님과의 관계가 '말라' 죽는 것을 보여 주는 책입니다. 이 책에는 하나님과 이스라엘 백성이 나누는 몇 개의 대화가 나오는데 이것은 질문과 답이 단순히 오고 가는 그런 평범한 대화로 읽으면 실감이 나지 않습니다. 이 상황을 마치 사이가 극도로 나쁜 부부가 한쪽은 어떻게 하면 그 관계를 끊어 버릴까하고, 다른 한쪽은 그 반대로 어떻게 하면 서로 잘 살아 볼까 하는 싸움을 하면서 나누는 티격 태격의 대화로 읽어야 실감이 갑니다. 결국 하나님은 이스라엘 백성의 포기를 선언합니다(말 3:13~15). 그러면서도 하나님은 구속사역이 끝나지 않고 지속될 것임을 언급합니다(말 4장). 말라기 선지자를 마지막으로 하나님의 "입"(선지자)은 나타나지 않고 하나님은 400여 년간 침묵합니다. 이 기간을 중간기라고 합니다. 이때를 위해 이사야, 스가랴, 다니엘이 예언을 했습니다. 하나님의 긴 침묵이 끝나고, 말라기 4:5,6이 누가 1:17로 이어지면서 구약의 마지막 선지자격인 세례 요한이 옴으로 구약의 약속은 신약으로 이어집니다. 다윗을 통해 예언하시고, 중간기 시대의 갈망을 통해 메시야 예수님이 오셨습니다. 예수님을 통해서 구약의 모든 약속은 성취되었습니다. 하나님의 구원의 역사는 성취되고, 종말론적 완성을 위해 교회의 역사가 시작됩니다.

**🕐 67일차 요약**  포로귀환 백성들은 에스라와 느헤미야를 통해 하나님과의 관계를 개혁했지만 시간이 지나자 하나님과 그들의 관계는 다시 악화되어 갔습니다. 모든 종교의식은 형식적이 되었고 제사장들은 타락했고 백성들은 성전과 레위인에 대한 의무를 무시하고 약자들에게 불의를 행했습니다. 이러한 때에 하나님께서는 말라기 선지자를 통해 백성들의 죄악을 꾸짖지만 그들은 완악한 태도로 오히려 하나님께 반항합니다. 그러자 이제 하나님께서는 유대인들과 더 이상 말씀하지 않으십니다. 말라기 선지자 이후 무려 400년 동안 하나님께서는 하나님의 입을 대신하여 말씀을 전할 선지자를 보내지 않으셨습니다. 그 대신 그 분의 구속의 역사의 방향을 바꾸시고 그 범위를 이방인으로 확대시키십니다.
말라기 선지자를 통해 장차 떠오를 공의로운 해, 즉 예수 그리스도와 그 분의 길을 예비할 선지자 엘리야 곧 세례요한을 보내실 것을 말씀하십니다. 세례 요한을 통해 주의 길을 준비하게 하실 것이고 그리스도가 갑자기 성전에 임하게 하실 것입니다. 이제 하나님의 구원 역사의 방향은 유대를 넘어 해 뜨는 곳에서부터 해 지는 곳까지 각처로 그 범위가 확대되어질 것입니다. 이방인들 가운데 그리스도의 말씀을 듣고 하나님께로 마음을 돌이키고 순종하는 자들을 통해 하나님께서는 하나님의 나라를 회복시키실 것입니다.

# 67일

| 년 | 월 | 일 |

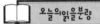
**오늘의읽을분량**

느 13:1-22
시 92편
느 13:23-31
말 1-4장
사 56-66장

# 말라기

**67-1** 느헤미야가 바사에 갔다가 2년 만에 돌아왔을 때 예루살렘은 어떤 상황으로 변해 있었습니까? - p 418

**67-2** 구약의 마지막 선지자인 말라기 사역 당시의 시대상은 어떠했습니까? - p 419

**67-3** 백성들이 이런 상태로 전락한 이유는 무엇입니까? - p 421

**67-4** 백성들의 영적 상태를 단적으로 드러내고 있는 것은 무엇입니까? - p 422

**67-5** 십일조를 등한히 했다는 것은 결국 어떤 삶을 살았다는 의미입니까? - p 422

**67-6** 그럼에도 불구하고 하나님께서 약속해 주시는 것은 무엇입니까? - p 423

**67-7** 구약성경은 오실 메시야에 초점이 맞춰져 있습니다.
소선지서에 나타난 그리스도의 모습은 무엇입니까? - p 425

🤙 *말씀이 삶이 되는 하루‥ 67 일째*

• 교재 424쪽 자라나기의 사 58:10-13의 묵상을 읽고 교회의 참된 모습을 살펴보세요. 교회는 이런 면에서 삶의 중심이 되어야 하는데 그 중심의 성격은 구심성과 원심성을 균형있게 갖추어야 합니다.

• 나의 교회나, 주변의 교회가 메말라가는 이 세상을 위한 물 댄 동산의 역할을 능히 수행하고 있는지 반성해 봅시다. 교회가 이런 모습을 회복하도록 힘써 기도합시다.

• "인위 뚝! 신위 Go!"의 하루를 살고 난 기쁨과 좌절을 기록해 보세요. (전리품 찾기)
하나님이 주인 되시는 나, 가정, 교회, 일터, 나라와 열방을 위해 기도합시다.

• 전리품 기록노트는 각 주차 끝에 있음.

*삶의 흔적을 기록하기*

# 68일

년    월    일

오늘의읽을분량

슥 9~14장
단 7~12장

🕐 **68일차 요약**   포로귀환 백성들에게 중단된 성전 재건을 계속할 것을 명령하는 메시지로 시작된 스가랴서는 후반부에서 장차 메시야가 오실 것과 그 분이 하실 구체적인 사역에 관한 내용들로 진전됩니다. 나귀를 타고 오실 평강의 왕 메시야의 고난으로 하나님께서는 그 분의 구속역사를 온 민족들 가운데 이루실 것입니다. 심판과 구원의 날인 여호와의 날에 믿지 않는 유대인들은 버림을 받을 것이나 메시야의 사역을 통해 그분께 모여오는 큰 무리는 하나님께서 정결하게 하시고 새로운 하나님의 백성들로 삼으실 것입니다.

하나님께서는 앞으로 되어질 세계 역사의 큰 흐름을 다니엘이 본 환상을 통해 예언하십니다. 예루살렘 성전재건에 대한 명령이 내릴 때부터 시작하여 예수께서 예루살렘에 나귀를 타고 입성하실 때까지의 긴 시간 동안 바벨론, 메대, 바사, 헬라, 로마로 세계사가 흘러갈 것입니다. 특히 그 가운데 헬라의 안티오쿠스 4세에 이르면 유대교가 잔인하게 박해를 받게 될 것까지 다니엘의 환상을 통해 예언합니다.

그러나 하나님의 심판이 시작되면 세상나라들의 권세는 빼앗기게 될 것이고 지극히 높으신 하나님의 구별된 백성들은 영원한 나라를 얻게 하실 것입니다. 세상나라와 하나님의 백성들 사이에는 치열한 영적인 전투가 매일 벌어지고 있으며 다니엘은 기도를 통하여 지혜를 얻었을 뿐만 아니라 영적 전투의 승부에 실제적인 영향을 미쳤습니다.

**68-1** 메시야가 나귀타고 오신다는 것은 무슨 의미입니까? - p 426

**68-2** 하나님은 다니엘을 통해 중간 시대 세계사의 판도가 어떻게 진행될 것이라고 예언하셨습니까? - p 428

# 10 신·구약 중간 시대

**68-3** 중간 시대의 정치적 변화는 무엇입니까? - p 431

**68-4** 중간 시대의 사회적 변화는 무엇입니까? - p 432

**68-5** 중간 시대의 종교적 변화는 무엇입니까? - p 432

**68-6** 중간 시대 400년간 하나님이 하신 일은 무엇입니까? - p 433

**68-7** 복음서를 비교해서 설명해 보십시오. - p 440

인위뚝! 신위GO!

🌷 말씀이 삶이 되는 하루‥ 68일째

• 하나님께서 메시야를 보내신다는 약속을 지속적으로 하셨고, 중간기 시대에 하나님 나라 회복의 여건을 조성해 놓으신 후 드디어 예수님을 보내셨습니다. 이 과정에서 깨달은 바가 무엇인지를 나누어 보세요.

• 그 깨달은 것에 참 감사와 영광을 하나님께 돌릴 수 있나요?

삶의 흔적을 기록하기

• 그 깨달음으로 하루를 살고 난 기쁨과 좌절을 기록해 보세요. (전리품 찾기)
하나님이 주인 되시는 나, 가정, 교회, 일터, 나라와 열방을 위해 기도합시다.

• 전리품 기록노트는 각 주차 끝에 있음.

# 11 복음 시대 - 예수님의 생애

🕐 **69일차 요약** 말라기 선지자 이후 약 400년의 중간기가 지나자 선지자들의 예언대로 유대 땅에는 세례요한과 예수 그리스도가 태어나게 됩니다. 엘리야를 보내리라는 말라기의 예언은 세례요한이 엘리야의 심령과 능력으로 주 앞에 먼저 와서 그리스도가 오실 길을 예비하게 됨으로 성취됩니다. 세례 요한은 말라기의 바톤을 이어받은 구약의 마지막 선지자로서 메시야의 사역을 위해 광야에서 회개를 촉구하고 요단강에서 회개의 세례를 베풀었습니다.

예수님도 공생애 첫 해를 시작하실 때 세례 요한을 통해 요단강에서 세례를 받으심으로 하나님 나라 왕으로서의 사역이 시작됨을 하나님으로부터 인증 받으셨습니다. 또한 40일 금식기도 후에 사탄의 시험을 말씀으로 통과하십니다. 그 후 예수님은 그와 함께 사역할 몇 제자들을 부르셔서 갈릴리 지역으로 돌아오십니다.

예수님은 갈릴리의 가버나움을 그 분의 사역의 거점으로 삼고 가나의 혼인잔치에 참여하셔서 그리스도로서 첫 표적을 행하십니다. 그 후 유월절을 지키기 위해 예루살렘으로 올라가셔서 약 8개월 머무는 동안 바리새파 니고데모의 방문을 받고 중생의 교리를 가르치십니다.

**69-1** 메시야를 보내시겠다는 약속 성취는 어떤 사건으로부터 시작됩니까? - p 444

**69-2** 요한은 예수님이 육신으로 오신 것을 우리 가운데 장막을 치시기 위해 오신 것이라고 하는데 그 의미는 무엇입니까? - p 444

**69-3** 예수님께서 공생애 시작 전에 세례를 받으신 이유는 무엇입니까? - p 450

**69-4** 예수님의 광야 시험이 갖는 의미는 무엇입니까? - p 450

▶ p 451의 시를 읽고 소감을 서로 나누어 보세요.

**69-5** 예수님의 공생애 첫 번째 기적인 가나의 혼인 잔치에서 인간의 순종을 통해 말하고자 하는 것은 무엇입니까? - p 454

**69-6** 공생애 첫 번째 유월절을 지키러 오신 예수님이 니고데모에게 하신 말씀은 무엇입니까? - p 456

인위뚝! 신위GO!

**69-7** 사마리아 여인을 통해 영생을 얻은 사람에게서 자연스럽게 나타나야 하는 것이 무엇임을 알 수 있습니까? - p 458

▶p 459에서 사마리아 여인의 결단과 변화의 모습을 묵상하고 우리가 배워야 할 것은 무엇인지 나누어 보세요.

**69-8** 가버나움에 사역 본부를 두신 예수님의 첫 설교 내용은 무엇이며, 그것은 무엇을 선언한 것입니까? - p 461

**69-9** 복음이란 무엇이며, 복음 선포를 통해 말씀하시고자 하는 것은 무엇입니까? - p 462

▶p 465의 시 "버리게 하소서"를 읽고 순종은 진정 버림으로부터 시작한다는 사실을 묵상하고 나누어 보세요. 제자들은 자신의 가치 있다고 생각하는 것을 버리고 예수님의 가치를 따랐던 자들입니다.

---

👊 *말씀이 삶이 되는 하루·· 69일째*

• 하나님은 우리에게 영생을 선물로 주셨습니다. 이 선물을 받은 자는 그냥 있을 수 없다는 것을 사마리아 여인에게서 볼 수 있습니다. 나도 그런 마음이 있는지 살펴보십시오.

• 통독 일독 학교를 마치기 전에 영생을 선물할 분을 한 사람 이상 정하고 기도하면서 실행하세요.

*삶의 흔적을 기록하기*

• 그 깨달음으로 하루를 살고 난 기쁨과 좌절을 기록해 보세요. (전리품 찾기)
하나님이 주인 되시는 나, 가정, 교회, 일터, 나라와 열방을 위해 기도합시다.

• 전리품 기록노트는 각 주차 끝에 있음.

# 70일

🕐 **70일차 요약**    예수님께서는 공생애 첫 해에 예루살렘에서 8개월 동안 많은 표적을 행하신 이후 갈릴리 지역으로 오셔서 복음을 전하시고 병든 자를 고치시는 사역을 통해 자신이 하늘로부터 온 하나님의 아들 그리스도이심을 친히 증거하셨습니다. 그리고 공생애 두 번째 해 유월절을 맞아 다시 예루살렘에 오셔서 베데스다 연못에서 안식일에 38년된 병자를 고치십니다. 이 일로 유대의 종교 지도자들로부터 예수님에 대한 적대감이 높아졌습니다. 예수님께서는 때때로 사람들을 개인적으로 찾아오셔서 비본질적인 것들을 위해 씨름하는 사람들에게 그 사람의 본질적인 문제가 무엇인지를 깨닫게 하시고 해결해주시는 구원자가 되어주셨습니다. 예수님은 인간의 가장 본질적인 문제는 자기중심성, 즉 죄의 문제라는 것을 먼저 깨닫게 하셨습니다. 자신이 죄에서 진정한 변화를 스스로 일으킬 수 없는 죄인이라는 사실을 깨닫고 예수님 앞에 자신의 모습을 회개하도록 하셨습니다. 그 후 예수님은 갈릴리에서 그를 따르는 많은 무리들의 요구를 들어주셨으나 특별히 그 분이 직접 부르신 12제자를 확정하시고 그들에게 산상 수훈을 베푸셨습니다. 산상수훈을 통해 예수님은 구약의 시내산의 십계명과 연결하여 새로운 하나님 나라의 백성으로서의 가치관의 회복을 강조하셨습니다. 예수를 하나님께서 보내신 하나님의 아들, 그리스도로 인정하고 그 분의 통치에 순종할 때 진정한 본질적인 변화와 기적이 일어날 수 있음을 말씀하셨습니다. 예수 그리스도를 통해 구원받은 하나님나라 백성으로서의 회복된 가치관의 본질은 예수님께서 말씀하신 8복에 잘 나타나 있습니다.

**70-1** 현재진행형인 하나님 나라는 예수님에 의한 통치의 모습에서 어떻게 드러나고 있습니까? – p 466

▶예수님의 3대 사역과 그 내용을 나누어 보세요.

**70-2** 우리가 배워야 할 예수님의 사역 정신은 무엇입니까? – p 467

**70-3** 우리가 배워야 할 예수님의 기도 정신은 무엇입니까? – p 467

**70-4** 예수님이 가시는 곳마다 어떤 일들이 일어나고 있습니까? – p 470

**70-5** 이런 변화의 시작은 무엇으로부터 시작됩니까? – p 472

**70-6** 예수님은 제자들에게 산상 수훈의 첫 머리에 하나님 나라의 복의 개념이 무엇이라고 가르치십니까? – p 474

**70-7** 주기도문 안에 들어 있는 성경의 중심주제는 무엇입니까? – p 475

인위뚝! 신위GO!

▶p475의 "자라나기"에 실린 "주님의 기도를 드릴 때"를 읽고 그 소감을 적어 보세요.


**70-8** 산상 수훈의 결론은 무엇입니까? – p 475


🌷 *말씀이 삶이 되는 하루‥ 70 일째*

• p474-475의 "저자노트"에서 '무리'와 '제자'의 의미를 배웠습니다. '제자'는 삶의 최우선 순위를 하나님 나라에 두는 자입니다.

• 나는 그런 제자입니까? 무리입니까?
信者입니까? 神子입니까? Christian입니까?
Churchian입니까?

*삶의 흔적을 기록하기*

• 제자로서의 하루를 살고 난 기쁨과 좌절을 기록해 보세요.
(전리품 찾기)

하나님이 주인 되시는 나, 가정, 교회, 일터, 나라와 열방을 위해 기도합시다.

• 전리품 기록노트는 각 주차 끝에 있음.

🕐 **71일차 요약**    예수님께서는 공생애 둘째 해 부터 약 1년 반 정도의 긴 시간을 갈릴리 지역에서 많은 사역을 행하셨습니다. 무리를 상대로 복음을 전하시고 귀신을 내쫓으시며 병을 고치셨을 뿐만 아니라 12제자들을 훈련하셔서 능력을 주시고 둘 씩 파송하셔서 복음을 전하게 하셨습니다.

이즈음 예루살렘에서 세례 요한은 헤롯에 의해 참수형을 당하게 됩니다. 이 상황을 아신 예수님은 갈릴리지역 가버나움 시내를 벗어나 한적한 벳새다 들녁으로 가셔서 오병이어의 기적을 행하십니다. 이 기적을 통해 예수님께서는 자신이 하늘로부터 내려 온 생명의 떡이심을 말씀하셨습니다. 광야시대에 이스라엘 백성들은 날마다 하늘로부터 내리는 만나를 먹었지만 그 만나는 일시적인 생명을 공급해줄 뿐이었습니다. 이에 반해 예수님은 그 분 자신이 영생에 이르는 생명의 떡으로 이 땅에 오셨음을 말씀하셨습니다.

예수님께서는 이 사건 이후 약 1년 뒤에 일어날 자신의 십자가 죽음의 진정한 의미를 제자들이 깨달을 수 있도록 오병이어의 예언적 기적을 일키셨습니다. 그러나 이 표적을 보고도 많은 무리들은 떡을 먹고 배부른 육신적이고 자기중심적인 이유로 예수님을 좋았고 그런 능력을 가진 예수님을 억지로 세상 임금 삼으려고 했습니다.

**71-1** 7가지 천국 복음의 비유는 하나님 나라를 가르쳐 주기 위함입니다. 각각의 비유는 하나님 나라에 대해 무엇을 의미합니까? - p 478

**71-2** 하나님 나라는 무엇에 의해 자라납니까? 그래서 끝까지 붙잡고 가까이 해야 할 것은 무엇입니까? - p 480

**71-3** 하나님 나라를 소유하기 위해서 내려 놓아야 할 것과 내 것으로 만들어야 할 것은 각각 무엇입니까? - p 481

▶p483 - 병을 낫게 하려고 몰래 예수님을 touch한 이 여인과, 예수님이 잡혀 갈 때 자기의 신분을 감추려고 거리를 적당히 유지하면서 예수를 따라 가는 베드로를 비교해서 묵상해 보세요.

나는 어떤 자세로 예수님을 따라가고 있는가요? 또한 베드로는 왜 물에 빠졌을까요? 그는 그에게 그런 능력을 주신 예수님을 보지 못하고, 몰아치는 파도를 보고 겁에 질려 버렸기 때문입니다.

나는 예수님만을 바라보고 있는가요?

**71-4** 예수님이 유월절에 예루살렘에 가지 않고 벳새다 광야에서 오병이어의 기적을 베푸시면서 구약의 무슨 사건과 연결시키십니까? 또 자신을 무엇으로 드러내십니까? - p 485

**71-5** 예수님은 요한복음에서 자신을 누구로 드러내십니까? - p 487

인위뚝! 신위GO!

🌷 **말씀이 삶이 되는 하루·· 71 일째**

- 하나님 나라는 어떻게 이루어지는가를 배웠습니다.

- 나는 매일의 일상에서 인위를 내려놓으며 예수님의 길을 따라 제자의 삶을 살며 하나님 나라를 이루어 가고 있는지를 늘 성찰하고 확인해 보아야 합니다.

*삶의 흔적을 기록하기*

- 그런 하루를 살고 난 기쁨과 좌절을 기록해 보세요.
  (전리품 찾기)

  하나님이 주인 되시는 나, 가정, 교회, 일터, 나라와 열방을 위해 기도합시다.

  - 전리품 기록노트는 각 주차 끝에 있음.

**오늘의읽을분량**

마 15:21-16:4
막 7:24-8:12
마 16:5-20
막 8:13-30
눅 9:18-21
마 16:21-28
막 8:31-9:1
눅 9:22-27
마 17:1-13
막 9:2-13
눅 9:28-36
마 17:14-18장,
8:19-22
막 9:14-50
눅 9:37-62
요 7-10:21

🕐 **72일차 요약**    예수님께서는 오병이어의 기적을 일으키신 후에 갈릴리 지역을 벗어나 두로와 시돈 등 변방 땅을 다니시며 특별히 열 두 제자들을 강도 높게 집중훈련 시키셨습니다. 가이사랴 빌립보에서는 제자들에게 '너희는 나를 누구라고 하느냐'고 물으셨습니다 그리고 6일 후에 따로 세 제자 들을 데리고 변화산으로 가셔서 그들로 하여금 예수가 하나님이심을 증명하는 영광스런 체험을 하게 하셨습니다. 그리고 바로 이 무렵부터 예수님은 약 6개월 뒤에 일어날 자신의 죽으심과 부활에 대해 제자들에게 알리셨습니다.
그리고 드디어 초막절을 맞아 예수님과 제자들은 갈릴리 지역을 떠나 예루살렘으로 가십니다. 예루살렘에는 이미 예수님에 대한 적대 감정이 고조되고 있었지만 예수님께서는 초막절 끝에 예루살렘 성전에 가셔서 자신이 이사야 선지자가 예언한 생수되시는 그리스도이심을 공적으로 선포하셨습니다. 예수님은 자신이 바로 진리이며 자신이 증언하는 말을 진리로 믿는 자들은 하나님께 속한 자들임을 말씀하셨습니다. 그러자 예루살렘 종교지도자들의 예수님에 대한 적대감정은 한층 더 고조되었습니다.

▶왜 누룩을 조심하라고 하셨는지를 나누어 보세요. 누룩의 의미는 무엇일까요? - p 488

**72-1** "너희는 나를 누구라 하느냐"의 질문에 포함되어 있는 2가지 질문은 무엇입니까? 이 질문에 대한대답은 우리 신앙의 현주소를 말해 줍니다.
현재 내 삶은 무엇이라고 말하고 있습니까? - p 489

**72-2** 예수님은 우리에게 자기를 부인하는 삶을 살라고 명하십니다. 자기부인은 무엇이며, 왜 그렇게 해야 합니까? - p 489

**72-3** 이제 예수님은 마지막 유대 사역을 하십니다. 초막절에 하신 일들과 그 일들을 통해 주시는 메시지는 무엇입니까? - p 491

🌷 *말씀이 삶이 되는 하루·· 72 일째*

• 자기 것을 움켜쥐고 예수님이 가시는 길을 갈 수 없습니다. 나는 아직도 무엇을 움켜쥐고 있는지를 생각해 보세요.

• 그것이 바로 '인위'입니다. "인위 뚝, 신위 GO!"를 한번 외치며 기도하고 하루를 시작해 보세요.

• 그런 하루를 살고 난 기쁨과 좌절을 기록해 보세요. (전리품 찾기)

하나님이 주인 되시는 나, 가정, 교회, 일터, 나라와 열방을 위해 기도합시다.

• 전리품 기록노트는 각 주차 끝에 있음.

*삶의 흔적을 기록하기*

인위뚝! 신위GO!

# 통통 90일 성경일독 전리품 보물 창고

## 제67일차 ~ 72일차

통통의 핵심 정신은 '인위(자기중심성)' 뚝! 신위 GO!입니다. 우리는 말씀 앞에서 자기중심성을 뚝 꺾고 신위 GO한 결과를 '전리품'이라고 합니다. 이 전리품들은 결국 우리의 삶의 변화로 나타나고, 또한 궁극적인 하나님 나라에까지 연결되는 것이기에 하늘의 보물 창고에 쌓는 연습을 위해 매주 '보물 창고'에 기록할 것입니다.

*(              )조   *이름 : (                    )

| 읽은 성경 범위 : | 읽은 일 : 20      년      월      일 |
| --- | --- |

**보물창고 샘플**

● **12주: 요한복음 4장.. 물동이를 버린 사마리아 여인을 생각해 보라.**

성화 과정의 중생은 세상적, 세속적 가치관이 하나님 나라의 가치관으로 바뀌는 것이요, 세상을 보는 안경이 바뀐다는 말이다. 성화의 삶은 버림으로 시작한다는 사실을 기억하라. 하나님 나라를 이루기 위한 순종은 버릴 것을 버리는 것에서부터 출발한다.

## 13주차에 읽을 범위의 주요 개요

예수님의 삶은 에덴에서 잃어버린 하나님 나라의 복을 회복시키는 삶입니다. 시내산 언약의 내용처럼 이스라엘 백성이 바로의 소속에서 하나님의 소유로 소속을 바꾼 것처럼 우리를 사탄의 소속에서 하나님의 소유로 소속을 바꾸고, 성령의 인 치심으로 하나님의 제사장이 되고(제사장나라), 거룩한 백성이 됨으로 구별된 삶을 살아가게 하시는 것입니다. 그것이 곧 메시야 예수의 사역입니다. 구약의 모든 율법을 완성하시고, 십계명적 삶의 본과 지침을 완성하였습니다. 십자가의 능력으로 죄의 권세인 사망을 이기고 첫 부활이 되어 주심으로 에덴의 삶을 회복하셨습니다. 성전의 휘장을 찢으심으로 생명나무에 접근을 막은 화염검을 제거하시고 하나님 나라의 접근을 새롭게 열어 주셨습니다. 우리는 예수님이 이 땅에 오신 그 본질의 영성으로 돌아가야 합니다. 그것은 사도행전적 교회의 모습을 회복함으로 이 땅에 하나님 나라를 이루어가는 역사를 하게하는 영성입니다. 사도행전은 1) 예배가 바르게 살아 있고, 2) 바른 가르침이 있고, 3) 그리스도의 사랑으로 이루어지는 교제가 있는 곳이 교회임을 가르쳐 줍니다(행 2:42~47). 오늘 우리의 교회와 비교해 보면서 많은 반성과 갱신을 이루어야 할 것입니다.

# 73일

년    월    일

**오늘의읽을분량**

눅 10:1-13:21
요 10:22-39
눅 13:22-18:14
요 10:40-11:54
마 19:1-20:28
막 10:1-45
눅 18:15-34

### 🕐 73일차 요약

예수님께서는 공생애 기간 중에 수차례에 걸쳐 하나님의 나라에 대해 말씀하셨습니다. 하나님의 나라는 여기있다, 저기있다 할 수 있는 나라가 아니며 주의 깊게 관찰한다고 볼 수 있는 나라가 아니라고 말씀하셨습니다. 하나님의 나라는 하나님의 말씀에 대한 전적인 순종이 있는 사람들 가운데 이루어지는 나라입니다.

무엇을 하여야 영생을 얻을 수 있겠느냐고 질문한 율법사에게 예수님은 계명을 지켜 행하는 것과 영생이 관련이 있음을 암시 하셨습니다. 그러나 사람들 앞에서 보이려고 하는 형식적인 순종 보다는 하나님 아버지의 마음을 회복하여 진실되게 이웃과의 관계를 회복하는 것이 하나님 나라에 들어가는 삶이며 영생의 삶과 밀접한 관련이 있음을 말씀하셨습니다.

소유를 팔아 가난한 자에게 주라는 말씀 또한 소유 보다 이웃을 가치 있고 귀하게 여겨 이웃을 위해 소유를 기꺼이 버릴 수 있는 마음이 회복될 때 하나님의 나라가 그들 가운데 경험될 것을 말씀하셨습니다. 하나님 나라의 통치 원리는 소유 보다는 나눔과 섬김 그리고 서로에 대한 용서와 낮아짐에 있다고 말씀하셨습니다.

**73-1** 선한 사마리아인의 비유에서 예수님께서 말씀하시는 이웃의 범위는 어디까지입니까?
– p 493

**73-2** 이웃을 이웃으로 대하지 않는 위선에 대해 예수님의 태도는 어떻습니까? – p 494

**73-3** 어리석은 부자의 비유를 통해 가르쳐 주시는 재물에 대한 메시지는 무엇입니까? – p 495

▶수전절의 유래를 잘 알아 두세요.– p 495

**73-4** 누가복음 15장의 잃어버린 것을 찾는 3가지 비유에서 말하고 있는 것은 무엇입니까? 또한 거기서 보여주는 하나님의 마음은 무엇입니까? – p 496

**73-5** 부자와 나사로의 비유에서 말해주는 메시지는 무엇입니까? – p 498

- '돌아온 탕자' 이야기와 '부자 청년'의 이야기에서 진정한 행복은 무엇이라고 알려 주고 있는지 깊이 묵상해 보세요.

- 진정 참된 행복은 '소유'에 있지 않고 "하나님과 함께 함"(시 73:28)에 있음을 이 통독을 통해서 잘 알게 되었습니다. 오늘도 나는 그 하나님과 동행하는 삶을 살고 있는지 돌아보세요.

삶의 흔적을 기록하기

- 그런 하루를 살고 난 기쁨과 좌절을 기록해 보세요.
(전리품 찾기)

하나님이 주인 되시는 나, 가정, 교회, 일터, 나라와 열방을 위해 기도합시다.

- 전리품 기록노트는 각 주차 끝에 있음.

# 74일

년    월    일

**오늘의읽을분량**

마 20:29-34
막 10:46-52
눅 18:35-19:28
요 11:55-12:1, 9-11
마 21-23장
막 11-12장
눅 19:29-20:40
눅 21:37-38
눅 20:41-21:4
요 12:12-19
요 2:13-25
요 12:20-50

⏱ **74일차 요약**    예수님께서는 공생애 3년의 마지막 주간에 유월절을 맞아 예루살렘으로 오셨습니다. 구약의 예언대로 나귀를 타시고 종의 모습으로 예루살렘에 입성하십니다.

예수님께서는 월요일에 성전에 들어가십니다. 만민이 기도하는 집을 장사하고 환전하는 강도의 소굴로 만들어 놓은 종교 지도자들을 향해 분노하시며 성전을 뒤집어 놓으셨습니다. 성전청결 사건으로 인해 대제사장들을 비롯한 종교 지도자들은 성전을 기반으로 누리는 자신들의 막대한 이권에 위협을 느끼고 구체적으로 예수님을 죽일 방책을 짜내게 됩니다.

그 결과 바리새인과 사두개인 들을 비롯한 종교 지도자들은 여러 가지 의도된 질문들을 가지고 예수님이 성전을 뒤엎고 자신을 하나님이라 칭하는 권위의 근거에 대해 도전합니다. 그러나 예수님은 그들의 악한 의도를 아시고 하나님의 말씀을 근거로 그들과 대응하여 그들과의 논쟁의 함정에 빠지지 않습니다. 이 일 후에 예수님께서는 바리새인들의 외식에 대해 신랄하게 저주하십니다. 예수님께서는 결국 끝까지 자신을 그리스도로 받아들이지 않는 그들에 대해 최종적인 심판과 저주를 내리십니다.

**74-1**  이제 예수님은 예루살렘에 나귀를 타고 입성하시는 것으로 마지막 사역을 시작하십니다. 이것은 바로 무엇이 성취되고 있는 것입니까? - p 503

▶ 성전을 청결케 할 수 밖에 없는 그 시대의 상황을 잘 파악하고 오늘 이 시대의 상황과 비교해 보세요. 오늘 우리들 교회의 모습은 이런 상황과는 다른 모습일까요? - p 505

**74-2**  월요일에 예수님은 성전에 들어가서 성전의 상행위를 뒤집어 엎으십니다. 그 이유는 무엇입니까? - p 506

**74-3**  화요일에 예수님을 시험하기 위한 질문에서 드러나고 있는 인위의 모습은 무엇입니까? - p 507

👆 **말씀이 삶이 되는 하루 ·· 74 일째**

• 예수님이 예루살렘에 나귀를 타고 오셨습니다. 나귀를 탄 것은 그 열렬한 환호 가운데서 겸손의 모습을 나타내는 것입니다. 나귀도 그렇게 묵묵히 예수님을 모시고 갑니다.

• 우리 모두가 이 나귀처럼 예수님을 모시고 가는 삶을 살아갑니다. 그런데 예수님이 받아야 할 환호를 내가 받으려는 삶을 살고 있지는 않은지 성찰 해 보아야 합니다.

• 그런 하루를 살고 난 기쁨과 좌절을 기록해 보세요. (전리품 찾기)

하나님이 주인 되시는 나, 가정, 교회, 일터, 나라와 열방을 위해 기도합시다.

• 전리품 기록노트는 각 주차 끝에 있음.

*삶의 흔적을 기록하기*

인위뚝! 신위GO!

## 오늘의읽을분량

마 24-25장
막 13장
눅 21:5-36
마 26:1-46
막 14:1-42
눅 22:1-46
요 12:2-8
요 13-18:1

🕐 **75일차 요약**  예수님께서는 공생애 마지막 주 목요일 저녁에 제자들과 유월절 식사를 함께 하셨습니다. 예수님께서는 유월절 식사에 떡과 포도주를 제자들과 나누면서 그것이 바로 인간의 죄를 위해 내어주는 예수님의 살과 피를 상징하는 것임을 비로소 말씀하셨습니다. 그리고 앞으로는 유월절 어린양 대신 희생제물이 되신 예수님의 십자가 사건을 기념 하는 주님의 성만찬을 행하라고 말씀하십니다. 이스라엘 백성의 애굽에서의 구원의 날을 기념하는 유월절은 이제 예수님께서 친히 유월절 어린양과 같은 제물이 되어 죽으심으로 온 인류를 위한 성만찬으로 바뀌게 됩니다. 이제 앞으로 올 모든 세대에 예수 그리스도를 통해 구원을 얻는 사람들은 유월절 어린양 대신 떡과 포도주를 통해 예수님의 살과 피를 기념하도록 하셨습니다. 예수님께서는 그 날 밤에 감람산으로 가셔서 예루살렘과 세상 종말에 일어날 징조들에 대해 제자들에게 고별설교를 하셨습니다. 그리고 온 인류를 위한 대제사장으로서 중보기도를 하시고 겟세마네 동산으로 가셔서 마지막으로 십자가의 죽음을 앞에 두고 온 힘을 다해 기도하셨습니다. 그 기도를 마치고 나서 예수님께서는 곧 그 밤에 유대 군병들에게 체포되십니다.

**75-1** 예수님이 마태복음 25장의 천국 비유에서 말씀하고 있는 메시지는 무엇입니까? - p 509

**75-2** 우리에게 섬김을 실천하라고 예수님이 이미 주신 것이 있습니다. 달란트 비유를 통해 이 땅에서 사는 동안 어떤 정신을 가지고 살라고 말씀하십니까? - p 510

**75-3** 목요일 저녁 유월절을 예비하면서 최후의 만찬 자리에서 예수님이 보여주신 것은 무엇입니까? - p 510

**75-4** 만찬 후 감람산의 고별 설교를 통해 제자들에게 신위의 삶을 살도록 제시한 것은 무엇입니까? - p 511

---

🌷 *말씀이 삶이 되는 하루·· 75일째*

• 요한복음 17장에서 예수님의 세상관을 배웠습니다. 그것은 이 세속 문화에 대항하는 하나님 나라의 문화를 세우는 변혁주의적 관점입니다. 그것이 관점 3의 구별된 삶을 사는 것입니다.

• 그런데 예수의 제자임을 자처하는 나는 세상에 적응하는 적응주의적 삶을 살고는 있지 않는지 자신을 돌아보기를 바랍니다.

• 그런 하루를 살고 난 기쁨과 좌절을 기록해 보세요. (전리품 찾기)

하나님이 주인 되시는 나, 가정, 교회, 일터, 나라와 열방을 위해 기도합시다.

• 전리품 기록노트는 각 주차 끝에 있음.

*삶의 흔적을 기록하기*

**오늘의읽을분량**

마 26:47-27
막 14:43-16:1
눅 22:47-23
요 18: 2-19
마 28장
막 16:2-20
눅 24장
요 20~21장

🕐 **76일차 요약**    목요일 밤에 체포되신 예수님은 밤새도록 대제사장의 심문을 거쳐 사형을 언도받고 사형집행을 위해 금요일 이른 아침에 당시의 총독 빌라도에게 보내어집니다. 종교 지도자들은 당시의 재판의 모든 절차를 무시하고 군중들을 선동하고 빌라도를 압박하여 그 짧은 하루 밤 사이에 사형선고가 내려지고 곧 바로 사형이 집행됩니다. 예수님께서는 금요일 오전 9시부터 오후 3시까지 십자가에 달려 자신의 사명을 완수하셨습니다. 이제 예수님의 십자가로 인해 성전의 제사제도와 제사장의 제사 임무는 종료되고 예수그리스도를 통해 죄사함을 받고 하나님과의 관계를 회복할 수 있는 길이 열렸습니다. 예수님께서는 온 인류의 죄를 위한 대제사장인 동시에 대속제물로서의 자신의 사역을 십자가에서 완성하셨습니다. 삼일 째 되는 일요일 아침 예수님은 자신의 예언대로 부활하셨습니다. 부활하신 예수님은 제자들에게 다시 나타나셨고 그들이 앞으로 해야할 사명이 무엇인지를 확신시켜 주셨습니다. 제자들로 하여금 모든 민족으로 제자를 삼고 예수님께서 부탁한 모든 것을 가르쳐 지키게 함으로 이 세상에 속한 사람들을 하나님나라의 백성들로 세워나가는 일을 감당하라는 마지막 지상명령을 주시고 40일 만에 제자들이 보는데서 승천하셨습니다.

**76-1** 금요일에 유월절 양으로(고전 5:7 참조) 십자가에 달려 돌아가시기 직전에 하신 말씀과 이 때 일어난 사건은 무엇입니까? 이 사건으로 인해 우리에게 열린 길은 무엇입니까?
(히 10:20, 히 4:16 참조) - p 515

**76-2** 십자가의 참 의미는 무엇입니까? - p 517
①
②
③

**76-3** 초실절(유월절이 지난 첫 안식일 다음 날)인 일요일에 무슨 일이 일어났습니까?
(고전 15:20 참조) - p 519

**76-4** 예수님이 승천하시기 직전 제자들에게 부탁하신 가장 큰 핵심 사역은 무엇입니까?
그 핵심 사역을 이제 누구에게 맡기십니까? - p 520

👆 **말씀이 삶이 되는 하루… 76일째**

• 마태 28:16-20에서 대명령의 수행을 제자에게 지시합니다. 우리가 그 명령을 이행함으로 승천하신 예수님의 대책이 되는 것입니다.

• 그런데 예수의 제자임을 자처하는 나는 과연 예수님의 대책으로서의 삶을 살아가고 있는지를 스스로 물어 보고 확인해 보세요.

• 그런 예수님의 대책으로서 하루를 살고 난 기쁨과 좌절을 기록해 보세요.(전리품 찾기)
하나님이 주인 되시는 나, 가정, 교회, 일터, 나라와 열방을 위해 기도합시다.

• 전리품 기록노트는 각 주차 끝에 있음.

인위뚝! 신위GO!

# 12 교회 시대

🕐 **77일차 요약**   예수님의 승천 후 오순절이 되자 약속대로 성령강림 사건이 일어납니다. 이 때 여러 지역에 흩어져 있다가 예루살렘에 모인 유대인들은 성령을 통해 인종적 언어적 장벽이 극복되고 새로운 하나님나라 공동체가 탄생되는 역사적인 장면을 목격합니다. 오순절 성령강림 사건을 계기로 예루살렘에서 초대교회가 탄생됩니다. 초대교회는 사도들의 가르침을 받고 서로 교제하며 성령의 능력으로 예수의 부활을 증거하는 일에 전심전력하였습니다. 그러자 유대의 종교지도자들은 자신들이 죽인 예수님의 부활을 증거하는 일을 물리적인 힘을 사용하여 핍박하여 끝내 스테반 집사가 순교하는 사건이 벌어집니다. 첫번째 순교자 스테반의 피는 다각도로 엄청난 반향을 미치게 되어 복음이 유대의 담을 넘어 사마리아와 땅끝까지 전파되게 하는 씨앗이 됩니다. 스테반의 순교 사건은 예루살렘 교회의 제자들이 사마리아 뿐만아니라 안디옥까지 흩어져서 이방에 처음으로 안디옥교회가 탄생하게 했으며 또한 사울이 회개하는 결정적인 계기가 되기도 했습니다.
그러나 하나님께서는 첫 이방인 고넬료가 복음을 듣고 성령을 받게 하시는 일을 예루살렘교회의 베드로 사도를 통해 이루심으로 예루살렘교회의 사도들의 정통성을 인정해주셨습니다.

📖 **오늘의 읽을분량**

행 1~12장

**77-1**   하나님 나라를 회복하기 전에 먼저 성령의 권능을 받으라고 하신 이유는 무엇입니까? – p 529

**77-2**   오순절 성령 강림이 나타내는 의미는 무엇입니까? – p 531

**77-3**   성령 강림을 경험하고 하나님 나라 공동체로 살아도 외적 박해(핍박, 순교 등)와 내적 문제(자체의 범죄, 구제로 인한 갈등) 등을 허용하시는 이유는 무엇일까요? – p 535

**77-4**   핍박이 더욱 거세지는 것을 통해 하나님께서 하시는 일은 무엇입니까? – p 536

**77-5**   이런 거센 핍박 가운데서도 하나님 나라 확장을 위해 하나님은 누구를, 어떻게 준비시키셨습니까? – p 537

**77-6**   고넬료의 회심 사건이 보여 주는 것은 무엇입니까? – p 537

---

🌷 **말씀이 삶이 되는 하루‥ 77일째**

• p532, 마 28:19-20에서 교회의 사명은 ①소명 ②양육, 그리고 ③파송(삶)이라고 배웠습니다. 교회는 이를 위해 존재 하게 되는데, 이 사명도 인위로 이루어 가는 것이 아니고 성령의 권능으로 이루어 간다는 것을 행 1:8에서 배웁니다.

• 우리 교회가 성령의 권능을 받아 이 기본적이고 핵심적인 교회 사명의 본질을 충실히 이행하도록 기도하며 나아갑시다.

• 인위를 내려놓는 하루를 살고 난 기쁨과 좌절을 기록해보세요. (전리품 찾기)
하나님이 주인 되시는 나, 가정, 교회, 일터, 나라와 열방을 위해 기도합시다.

• 전리품 기록노트는 각 주차 끝에 있음.

**오늘의읽을분량**

약 1-5장
행 13-15:35
갈 1-6 장

⏱ **78일차 요약**    예수님의 동생 야고보는 예수님의 부활을 목격한 후에 예수님의 제자가 되어 예루살렘 교회를 세우는데 큰 역할을 했습니다. 그는 실천하는 성화적 믿음을 강조했고 하나님 나라의 올바른 가치관과 윤리적 삶이 믿음을 증명하는 것이라고 말씀합니다.

안디옥 교회는 주를 섬겨 금식하는 가운데 바나바와 바울을 따로 세워 이방인들에게 복음을 전하는 선교사로 파송합니다. 1차 선교여행을 통해 갈라디아 지역에 교회가 세워집니다. 그런데 바울 일행이 1차 선교여행을 마치고 안디옥 교회로 돌아오자 안디옥 교회는 할례문제로 갈등과 내분이 일어난 상태였습니다. 이 문제를 해결하기 위해 예루살렘에서 총회가 열렸고 그 결과 이방인들도 할례를 받지 않아도 예수를 믿음으로 하나님의 백성이 될 수 있다는 결론을 공적으로 내리게 됩니다.

갈라디아서는 바울의 1차 선교 여행의 결실로 쓰여진 책입니다. 바울은 율법 준수를 강조하는 유대인 교인들에게 인간의 참 자유는 율법을 지키는데 있는 것이 아니라 진리이신 예수님을 받아들이는데 있다고 말합니다. 그러나 믿는 것과 행하는 것은 두 개의 동떨어진 개념이 아니고 결국 하나님의 백성으로 성숙 되어 가는 구원의 연속적인 과정입니다.

# 야고보서

**78-1** 야고보서는 언제, 누구에 의해 기록되었습니까? – p 540

**78-2** 하나님께서 야고보를 통해 핍박 가운데 있는 하나님의 백성들에게 말씀하신 핵심 내용은 무엇입니까? – p 542

**78-3** 하나님은 복음이 이방으로 확장되도록 어떻게 일하십니까? 그 열매는 무엇입니까? – p 543

# 갈라디아서

**78-4** 1차 선교여행의 열매인 갈라디아 교회에 보낸 서신의 핵심 내용은 무엇이며, 서신을 보낸 이유는 무엇입니까? – p 545

**78-5** 이신칭의와 성령 내주의 결과는 무엇으로 나타나고 있습니까? – p 549

**78-6** 성령이 내주한 자의 고백을 들어 봅시다.(갈 2:20 참조) – p 551

💧 **말씀이 삶이 되는 하루·· 78일째**

• 야고보는 행위구원을 강조하는 듯하고, 갈라디아서는 믿음 구원을 강조하는 듯 서로 다른 구원을 강조하고 있다고 생각합니까? 사실은 한 구원인데 믿음 강조는 칭의적 구원이고, 행위 구원은 성화적 삶으로서의 구원 과정을 말합니다.

• 믿음으로 구원(칭의적 구원)을 받은 나는 바울이 빌립보 교인에게 언급한 것처럼 "두렵고 떨림"으로 오늘 구원(성화적 삶)을 이루어 가고 있는지(빌 2:12) 성찰해 보세요.

• 인위를 내려놓는 하루를 살고 난 기쁨과 좌절을 기록해 보세요. (전리품 찾기)
하나님이 주인 되시는 나, 가정, 교회, 일터, 나라와 열방을 위해 기도합시다.

• 전리품 기록노트는 각 주차 끝에 있음.

인위뚝! 신위GO!

# 통통 90일 성경일독 전리품 보물 창고

제 73일차 ~ 78일차

통통의 핵심 정신은 '인위(자기중심성)' 뚝! 신위 GO!입니다. 우리는 말씀 앞에서 자기중심성을 뚝 꺾고 신위 GO한 결과를 '전리품'이라고 합니다. 이 전리품들은 결국 우리의 삶의 변화로 나타나고, 또한 궁극적인 하나님 나라에까지 연결되는 것이기에 하늘의 보물 창고에 쌓는 연습을 위해 매주 '보물 창고'에 기록할 것입니다.

*(                    )조    *이름 : (                    )

읽은 성경 범위 :                                                 읽은 일 : 20        년        월        일

**보물창고 샘플**

● **13주: 마태복음 28:16~20..** 예수님의 대 명령(The Great Commission)을 생각해 보라. 우리가 예수님의 대책이다. 예수님의 양을 먹이고, 그들을 예수님의 제자 삼는 임무를 감당해야 한다. 예수님이 하나님의 아들이고, 죄인을 구할 메시야임을 알리고, 이를 통해 죄인들이 예수님을 믿고 영생을 얻는 하나님 나라가 회복되게 하는 것이다.

## 14주차에 읽을 범위의 주요 개요

사도행전을 읽으며, 바울의 전도여행을 통해서 생겨난 많은 부산물인 서신서를 읽습니다. 본교재 434쪽에 있는 "신약 각권 주제 한눈에 보기"의 도표를 잘 숙지하십시오. 신약을 크게 나눕니다. 복음서, 사도행전과 서신서들, 그리고 계시록 등 3부분입니다. 복음서는 성자 하나님의 사역을 집중적으로 조명합니다. 구원론적으로 말하면 복음서는 칭의적 구원을 강조하는 책들입니다. 사도행전과 서신서들은 성령 하나님 사역을 기록한 책이고, 구원론적으로는 성화적 구원을 강조하고 있습니다. 성화적 구원은 구별되는 삶을 통해서 이루어지고 이것을 위해 성령 하나님의 도움을 받아야합니다. "신위 Go! 인위 뚝"을 외치는 삶을 말합니다. 서신서들은 성화적 구별되는 삶을 위한 지침서들을 제공합니다.

마지막으로 읽게 되는 계시록은 성부 하나님의 마지막 사역을 기록하는 책입니다. 구원론적으로 영화의 구원에 이르러 구원이 최종적으로 완성되는 것을 보여 주는 책입니다. 서신서들은 구약의 선지서들처럼 많은 메시지들은 갖고 있는 책입니다. 지성적 읽기보다는 감성적으로 묵상하는 마음으로 읽어야 합니다.

# 79일

년    월    일

### 오늘의읽을분량

행 15:36~18:22
살전 1~5장
살후 1~3장
행 18:23~19:22
고전 1~6장

🕐 **79일차 요약**  바울은 1차 전도여행 때 개척했던 교회의 제자들을 돌아보고 그들의 믿음을 굳게 하려는 뜻으로 2차 전도여행을 계획합니다. 그러나 바나바와의 의견 충돌로 바울은 실라와 함께 2차 선교여행을 떠나고 도중에 디모데와 누가가 합류하게 됩니다. 바울은 에베소를 목적지로 겨냥하고 2차 선교 여행을 떠났으나 성령께서는 마케도냐 사람들의 환상을 통해 바울 일행을 유럽의 마케도냐 지역으로 인도 하십니다. 그렇게 해서 마케도냐 지역의 빌립보에서 루디아의 집을 중심으로 유럽의 첫 번째 교회가 세워집니다.

그 후 바울 일행은 데살로니가로 가서 유대인의 회당에서 세 안식일에 복음을 전합니다. 그러나 곳곳에서 유대인들의 시기와 소동으로 곤란을 겪고 바울은 먼저 아덴으로 갑니다. 아덴에서 유대인뿐만 아니라 헬라인들에게 복음을 전하지만 철학과 우상이 가득한 아덴에서 많은 열매를 거두지 못하고 바울은 고린도로 이동합니다.

고린도에서 아굴라와 브리스길라 유대인 부부를 만나 함께 생업을 같이하며 1년 6개월 동안 머물면서 복음을 전합니다. 이렇게 고린도에서 사역하는 동안 바울은 디모데와 실라를 다시 만났으며 데살로니가교회에 보낼 서신서를 기록합니다. 바울은 데살로니가 교회의 성도들이 환난 가운데서도 인내하며 믿음을 지킨 것을 칭찬하고 한편으로는 재림에 대한 지나친 기대로 비롯된 잘못된 종말론을 바로잡고 이 땅에서의 현실적 사명을 충성스럽게 잘 감당하도록 데살로니가 전후서를 기록했습니다.

**79-1** 2차 전도여행의 팀원은 누구이며, 주 사역 내용은 무엇입니까? - p 551

**79-2** 바울은 자신의 계획과 성령의 인도하심이 상충될 때 어떻게 했습니까?
그 결과는 무엇으로 드러났습니까? - p 551

# 데살로니가전서

**79-3** 2차 전도여행 중에 고린도에서 데살로니가에 서신을 보내게 된 동기와 내용은 무엇입니까?
- p 555

**79-4** 바른 종말관을 가진 자의 삶의 태도는 무엇입니까? - p 556

인위뚝! 신위GO!

# 데살로니가후서

**79-5** 바울이 다시 데살로니가후서를 보내게 된 이유는 무엇입니까? – p 557

**79-6** 재림을 대망하는 자는 어떻게 살아야 합니까? – p 558

**79-7** 3차 전도여행의 사역 내용은 무엇입니까? – p 559

**79-8** 3차 전도 여행시 품은 세계 비전은 무엇입니까? – p 560

▶복음에 대한 2가지 반응은 무엇입니까? 왜 그런 반응이 나타나며, 그 반응에 어떻게 대처해야 합니까? – p 560

# 고린도전서

**79-9** 고린도 교회는 언제 세워졌습니까? – p 561

**79-10** 3차 전도여행시 에베소에서 고린도전서를 보내게 된 동기와 목적은 무엇입니까? – p 562

▶교회는 2중성, 즉 거룩성과 세속성을 갖습니다. 그것은 '모이는 교회'와 '흩어지는 교회'의 속성을 말함을 명심하세요. p563의 설명을 잘 이해하세요.

**79-11** 고린도 교회가 가진 문제의 원인은 무엇입니까? – p 563

**79-12** 당신은 信者입니까? 神子입니까? – p 564

---

### 👆 말씀이 삶이 되는 하루‥ 79 일째

- 행 17:6에서 바울 일행을 "천하를 어지럽히는 자(These that have turned the world upside down – KJV)"라고 했고, 그 의미를 묵상했습니다. 뒤집혀진 세상에서 사는 자들의 관점에서 보면 어지럽게 느껴졌겠지요.

- 나도 뒤집혀진 세상에 익숙해져서 저들이 어지럽히는 자들처럼 느껴지나요? 아니면 내가 어지럽히는 자입니까?

- 인위를 내려놓는 하루를 살고 난 기쁨과 좌절을 기록해 보세요. (전리품 찾기)
  하나님이 주인 되시는 나, 가정, 교회, 일터, 나라와 열방을 위해 기도합시다.

• 전리품 기록노트는 각 주차 끝에 있음.

# 80일

년    월    일

오늘의읽을분량

고전 7~16장

🕐 **80일차 요약**    바울은 3차 선교여행을 통해 주로 소아시아 지역의 에베소에서 3년의 기간을 머물며 복음을 전했습니다. 아데미 여신을 비롯하여 우상숭배의 중심지였던 에베소에서 바울은 두란노 서원을 중심으로 하나님의 말씀을 강론했고 그가 전한 복음의 영향력은 소아시아 전 지역에 미치게 됩니다. 이렇게 에베소에서 사역하는 동안 바울은 고린도교회에서 일어난 여러 문제들을 전하여 듣고 그 문제들에 대한 해결 방안으로 고린도교회에 편지를 적어 보내게 됩니다. 고리도 전서를 통하여서 바울은 교회의 분쟁문제에 대하여 책망하며 하나님의 능력이요 지혜이신 예수 그리스도를 통해 하나될 것을 강조합니다. 자기중심적인 신앙으로 약한 자들의 양심을 상하게 하고 은사를 잘못 남용하여 교회의 질서를 어지럽히는 문제에 관하여도 육신적 소욕을 극복하고 성령의 능력을 따라 사랑으로 하나될 것을 권면했습니다.

그밖에 고린도 교회의 여러 가지 문제들에 대해서도 자신보다는 공동체의 유익을 위해 절제할 것을 당부하며 특별히 복음의 핵심인 예수그리스도의 부활을 통해 육신에 속한 자가 아니라 하늘에 속한 자로서의 삶을 살아갈 것을 권면합니다.

**80-1**  우상 제물을 먹는 여부에 대한 가르침의 핵심은 무엇입니까? – p 565

**80-2**  은사 사용의 동기는 무엇이어야 합니까? – p 566

**80-3**  고린도 교회가 갖는 모든 문제들에 대한 해답은 무엇입니까?(고전 15:58 참조) – p 567

---

🌷 *말씀이 삶이 되는 하루·· 80 일째*

• 고린도 전후서는 고린도 교회의 문제와 그 해결책을 다루는 책입니다. 고린도 교회의 문제의 근본 원인이 인위에 있다고 했습니다. 교회 문제는 "내 생각에는..."으로 접근하면 더 큰 문제를 만듭니다. 그래서 예수님은 행 1:8에서 성령의 권능을 받으라고 한 것입니다. 신위로 접근하라는 명령이지요.

• 나는 교회의 문제를 내 생각으로 풀려고 하는 자입니까? 말씀의 원리와 기도로 신위의 권능으로 접근하는 자입니까? 문제를 일으키는 자가 되지 말고 보아스 같은 해결자가 되세요.

• 인위를 내려놓는 하루를 살고 난 기쁨과 좌절을 기록해 보세요.(전리품 찾기)
하나님이 주인 되시는 나, 가정, 교회, 일터, 나라와 열방을 위해 기도합시다.

• 전리품 기록노트는 각 주차 끝에 있음.

*삶의 흔적을 기록하기*

*인위뚝! 신위GO!*

⏱ 81일차 요약　바울은 에베소폭동으로 인해 에베소를 떠나 다시 마케도냐 지역으로 갑니다. 마케도냐에서 고린도전서를 전하러 갔던 디도를 다시 만나 고린도 교회의 여러 가지 소식을 듣고 거기서 다시 고린도후서를 기록했습니다. 바울이 보낸 고린도전서를 통해 성도들이 자신들의 잘못된 신앙을 회개하고 있다는 좋은 소식을 통해 위로를 얻기도 했지만 한편으로는 고린도 교인들이 바울의 사도권에 대해 의심하고 있다는 부정적인 소식도 들었습니다. 이에 대해 바울은 고린도후서를 통해 자신의 사도권의 정당성을 옹호하고 있습니다. 뿐만 아니라 교회 안에 남아있는 유대주의자들을 척결하고 경제적으로 큰 어려움을 당하고 있는 예루살렘 성도들의 구제를 위해 연보를 미리 미리 준비할 것을 당부했습니다.

바울은 예루살렘 교회로부터 시작된 복음의 혜택을 나누어 가진 이방의 교회들이 예루살렘 모교회의 육적인 어려움을 함께 감당하는 것을 마땅히 여겼습니다. 이방인들의 연보를 모아 예루살렘 교회에 전달함으로 바울은 유대인과 이방인이 복음 안에서 하나됨을 통해 예루살렘 교회를 위로하기를 원했습니다.

📖 오늘의읽을분량

행 19:23~20:1
고후 1~13장

**81-1**　바울의 3차 전도여행의 주 사역지는 어디입니까? - p 568

**81-2**　고린도후서를 보내게 된 배경과 목적은 무엇입니까? - p 568

**81-3**　마케도냐 교회의 헌금을 통해 배워야 할 헌금 정신은 무엇입니까?
　　　(고후 8:2-5, 고후 4:18 참조) - p 569

**81-4**　고린도 교회가 자신의 사도직을 의심하는 것에 대해 바울은 어떻게 정당성을 주장합니까?
　　　- p 570

✊ 말씀이 삶이 되는 하루·· 81 일째

• 고후 8장, 9장은 성경적 헌금의 원리를 가르쳐 주고 있음을 배웠습니다.

• 나의 헌금하는 자세는 어떠한가요? 바울이 가르쳐 주는 원리에 근거한 헌금을 드리도록 실천해 보세요.

• 인위를 내려놓는 하루를 살고 난 기쁨과 좌절을 기록해 보세요.(전리품 찾기)
하나님이 주인 되시는 나, 가정, 교회, 일터, 나라와 열방을 위해 기도합시다.

• 전리품 기록노트는 각 주차 끝에 있음.

삶의 흔적을 기록하기

오늘의읽을분량

행 20:2, 3상
롬 1~16장

⏱ **82일차 요약**　바울은 고린도후서를 기록했던 마케도냐를 떠난 후 고린도로 가서 3개월을 지내며 그가 개척하지 않은 로마 교회에 편지를 써서 보냅니다. 그는 이제 예루살렘을 거쳐서 다시 로마로 가려는 계획을 가지고 있고 더 나아가서는 서바나까지 가려는 여행계획을 가지고 먼저 로마서를 기록했습니다.

로마서에서 바울이 전하는 복음의 중심 내용은 하나님의 의입니다. 사람은 죄된 행위들 뿐만 아니라 본성적인 죄성의 상태에서 스스로의 노력을 통해 하나님의 의의 기준에 이를 수 없습니다. 따라서 예수그리스도의 십자가의 구속 사건을 믿는 믿음을 통해 하나님의 의를 덧입도록 하셨고 그 하나님의 은혜로만 죄에서 구원을 얻을 수 있게 하셨습니다.

이렇게 하나님의 의를 덧입은 사람들은 이제 성령의 능력을 의지하여 성화의 과정으로 나아가게 됩니다. 하나님의 구원의 과정은 하나님의 의를 덧입는 칭의에서 시작하여 성화의 과정을 거쳐 마지막으로 영화의 상태까지 이르는 전 과정을 포함합니다. 따라서 이 땅에서 삶을 살아가는 동안에 세속적인 가치관에서 하나님나라 백성으로서의 마음과 가치관의 변화를 통한 성화의 과정이 삶의 모든 영역에서 요구됩니다. 예수 그리스도를 통해 구원받은 하나님의 백성들은 성령의 도우심으로 끊임없이 믿음에서 믿음으로 나아가야 합니다.

# 로마서

**82-1** 로마서가 기록된 시기와 목적은 무엇입니까? – p 571

**82-2** 로마서가 말하는 복음의 중심 내용은 무엇입니까? – p 571

**82-3** 하나님이 우리를 구원하신 목적은 무엇입니까?(롬 12~16장 참조) – p 573

**82-4** 성화의 핵심은 무엇입니까? – p 575

👆 말씀이 삶이 되는 하루·· 82 일째

• 롬 12:1-2에서 '거룩한 산 제물'을 언급하고 있습니다. 그 의미를 다시 한 번 깊이 묵상하세요.

• 나의 삶을 '거룩한 산 제물'로 드려지는 삶입니까?

• '거룩한 산 제물'로서 하루를 살고 난 기쁨과 좌절을 기록해 보세요. (전리품 찾기)
하나님이 주인 되시는 나, 가정, 교회, 일터, 나라와 열방을 위해 기도합시다.

• 전리품 기록노트는 각 주차 끝에 있음.

삶의 흔적을 기록하기

인위뚝! 신위GO!

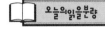

**오늘의읽을분량**

**행 20:3하~28장**

⏱ **83일차 요약**     바울은 3차 선교여행을 마무리하며 머지않아 예루살렘에서 결박과 환란이 자신을 기다리고 있음을 알고도, 또한 여러 성도들의 만류에도 불구하고 예루살렘행을 강행합니다. 여러 해 만에 이방 선교를 통해 자기 민족을 구제할 연보를 가지고 예루살렘에 돌아오나 바울은 유대인들의 악감정으로 고소를 당합니다. 그러나 바울은 유대인들의 공회 앞에서 담대히 복음을 전하고 주님께서는 환상 가운데 바울이 로마에서도 예수 그리스도를 증언할 것을 알려주십니다. 바울은 유대인들에게 고소를 당하여 가이사랴 감옥에 2년 동안 감금되고 당시에 유대에 파견된 로마 총독 베스도와 벨릭스 앞에서 공적으로 자신을 변호하고 끝내는 로마 황제 가이사에게 상소를 요청합니다. 이렇게 하여 바울은 마침내 당시 세계의 중심지였던 로마에 죄수의 신분으로 도착합니다. 로마에서 바울은 2년 동안 가택연금 형식으로 셋집에 머물면서 자기에게 오는 모든 사람들에게 담대히 하나님 나라와 주 예수 그리스도에 관한 모든 것을 거침없이 증언합니다. 결국 바울과 그에게 헌신된 동역자들을 통해 성령께서는 복음이 유대의 담을 넘어 소아시아와 마케도냐 헬라 그리고 로마에 이르기까지 수많은 이방인들을 그리스도께 제물로 드리는 일을 감당하도록 하셨습니다.

**83-1**   바울이 3차 전도여행의 마지막인 에베소에서 고백하고 있는 내용은 무엇입니까?
    (행 20:22-25 참조) - p 577

**83-2**   하나님은 바울이 그토록 가고 싶어했던 로마에 가도록 어떤 상황을 허용하십니까?
    (행 21:27-36 참조) - p 578

**83-3**   하나님은 바울이 로마로 가는 과정을 어떻게 도우셨습니까? - p 578

**83-4**   바울이 로마에서 한 일은 무엇입니까? - p 579

▶ 사도행전이 아무런 결론 없이 끝나는 이유는 무엇일까요? - p 579

🌷 *말씀이 삶이 되는 하루·· 83 일째*

- 성화(변화되는 삶)의 핵심은 가치관의 변화입니다. 이 통큰통독을 처음 시작했을 때와 비교해서 현재 변화된 부분을 기록해 보세요.

- 아직도 잘 되지 않고 있는 부분이 있다면 무엇인지 확인하고 그 부분을 오늘 실천할 수 있도록 기도하고 그대로 사십시오.

- 그런 하루를 살고 난 기쁨과 좌절을 기록해 보세요.
(전리품 찾기)

  하나님이 주인 되시는 나, 가정, 교회, 일터, 나라와 열방을 위해 기도합시다.

• 전리품 기록노트는 각 주차 끝에 있음.

*삶의 흔적을 기록하기*

**오늘의읽을분량**

빌 1-4장
몬 1장
골 1-4장

🕐 **84일차 요약**   빌립보서는 로마 감옥에 갇혀 있는 바울이 빌립보 형제들에게 그들의 섬김을 감사하며 몇 가지 조언을 담아 보낸 서신서입니다. 바울은 빌립보서 전체를 통해 무엇보다도 항상 기뻐하라고 반복하여 말합니다. 바울의 평강과 기쁨의 비결은 그리스도께 순종하는 삶을 통해 어떤 형편에서든지 자족하기를 배웠을 뿐 아니라 그리스도가 전파되는 것을 최고의 기쁨으로 삼았기 때문입니다. 바울은 또한 자신을 비우고 겸손과 복종으로 낮아지신 그리스도의 마음을 품을 것을 강조하며 빌립보 성도들도 서로 같은 마음을 품음으로 갈등을 해결하고 예수 그리스도를 닮아 갈 것을 권면했습니다. 바울은 또한 에바브라가 세운 골로새 교회에 유대주의적 율법주의, 영지주의, 신비주의, 천사숭배등의 이단 사상이 들어온 것을 알았을 때 그러한 이단 사상을 물리치고 골로새 교회를 건강하게 세우기 위해 골로새서를 기록했습니다. 예수 그리스도의 하나님 되심과 유일한 중보자 되심을 변호하며 모든 위엄과 영광 가운데 계신 예수 그리스도의 충만함을 강조합니다. 세상의 초등학문과 헛된 철학과 전통이 예수 그리스도의 신성과 탁월성을 혼잡하게 하지 못하도록 바울은 일상생활에서 주님께 합당한 삶을 실천해야 함을 가르칩니다.

**84-1** 로마에서 작성한 빌립보서의 기록목적과 내용은 무엇입니까? - p 581

**84-2** 바울은 빌립보서를 통해 환경을 초월한 기쁨의 비결이 어디에 있다고 말하고 있습니까? - p 582

# 빌레몬서

**84-3** 빌레몬서의 기록 목적과 내용은 무엇입니까? - p 584

**84-4** 당시의 노예제도는 합법이었음에도 오네시모를 "사랑 받는 형제로 용납하라"는 것은 무엇에 근거한 것입니까? - p 584

# 골로새서

**84-5** 빌레몬이 소속된 골로새 교회가 있는 곳은 어떤 도시입니까? - p 585

**84-6** 골로새서의 기록 목적은 무엇입니까? - p 586

인위뚝! 신위GO!

**84-7** 골로새서에서는 그리스도를 어떤 분으로 묘사하고 있습니까?
(골 1:14, 16, 17, 18, 20 참조) - p 587

**84-8** 이런 그리스도를 주로 믿는 사람은 자신과의 관계 속에 있는 자들에 대해 어떤 태도를 취해야 합니까? (골 3:23 참조) - p 587

---

### 말씀이 삶이 되는 하루·· 84 일째

- 골로새서 3장은 예수 그리스도의 복음으로 인해 변화 받은 자들의 모습과 취할 행동을 보여 주고 있습니다. 2-3절과 9-10절을 깊이 묵상해 보세요. 변화의 핵심은 가치관이 바뀌는데 있습니다.

- 통큰통독을 통해서 나의 가치관이 얼마나 성경에 근거하는 것으로 바뀌었는지를 점검해 보고 왜 그렇게 바뀌는 것이 필요한 것인가를 서로 나누어 보세요.

- 그런 하루를 살고 난 기쁨과 좌절을 기록해 보세요. (전리품 찾기)

  하나님이 주인 되시는 나, 가정, 교회, 일터, 나라와 열방을 위해 기도합시다.

  - 전리품 기록노트는 각 주차 끝에 있음.

*삶의 흔적을 기록하기*

# 통통 90일 성경일독 전리품 보물 창고

## 제 79일차 ~ 84일차

통통의 핵심 정신은 '인위(자기중심성)' 뚝! 신위 GO!입니다. 우리는 말씀 앞에서 자기중심성을 뚝 꺾고 신위 GO한 결과를 '전리품'이라고 합니다. 이 전리품들은 결국 우리의 삶의 변화로 나타나고, 또한 궁극적인 하나님 나라에까지 연결되는 것이기에 하늘의 보물 창고에 쌓는 연습을 위해 매주 '보물 창고'에 기록할 것입니다.

*(                    )조  *이름 : (                    )

| 읽은 성경 범위 : | 읽은 일 : 20      년      월      일 |
| --- | --- |

보물창고 샘플

● **14주:** 사도행전 22:3-39의 바울의 간증을 읽고 그의 삶 가운데 가장 중요한 부분인 율법으로 형성되었던 그의 가치관을 과감히 버렸다는 고백을 깊이 묵상하라(빌 4장). 사도행전 29장 이후는 하나님 나라를 이루어 가는 성령의 역사를 통해 쓰임 받고 있는 우리들의 삶을 하늘의 행위책에 기록하고 있는 것임을 명심하라.

신위GO!

## 15주차에 읽을 범위의 주요 개요  15 WEEK

이제 성경읽기의 마무리 단계에 왔습니다. 계시록은 이상한 신비를 보여 주는 책이 아니며, 또한 예수님이 언제 재림하는가를 보여 주는 책은 더더구나 아닙니다. 성경에 "때"를 의미하는 말이 "Kairos" 와 "Kronos"가 있습니다. Kairos는 하나님의때, 신위의 의미이고, Kronos는 인간의때, 인위의 의미를 갖는 말입니다. 계시록을 읽을 때는 꼭 명심해야 할 것은 계시록의 시간은 하나님의 시간을 말하는 것이기 때문에 그것을 인간의 시간의 개념으로 해석하려고 하면 반드시 오류를 범한다는 사실을 기억하고 읽어야 합니다. 그 분의 때는 곧 그 분의 신비에 맡겨 두어야 합니다. 그것은 그분의 신비입니다. 또한 계시록은 창세기에서 시작한 하나님의 구속의 역사가 어떻게 완성되는가를 보여 주는 책이라는 관점에서 읽어야 합니다. 즉 계시록은 창세기의 결론이며 성경 전체의 결론입니다. 본교재 96쪽과 636쪽의 도표를 잘 숙지하십시오. 다시 말하면 에덴에서 잃어버린 하나님의 나라가 어떻게 회복 되는가를 보여 주는 책이지 문자적으로 설명하는 책이 아닙니다. 따라서 계시록은 특히 4장 이하 환상 부분은 문자적으로 풀어 설명을 구하기보다는 그림으로, 감성적으로 받아드리면서 하나님의 구속의 역사가 미래에 어느 시점에 이렇게 마무리 되는구나 라고 읽으면 은혜가 될 것입니다.

🕐 **85일차 요약**  바울은 로마 감옥에서 그가 3차 선교 여행 중에 세운 에베소 교회에 편지를 보냅니다. 에베소는 아데미 여신을 비롯하여 수많은 우상의 도시였으므로 바울은 에베소서를 통해 교회 공동체의 영적인 의미를 강조합니다. 교회를 예수 그리스도와 연합된 몸으로 여겨 무엇보다도 그리스도인들이 하나님 보좌 우편에 계신 예수 그리스도를 중심으로 서로 연결되어 있다는 것을 깨닫게 합니다. 바울은 또한 주님의 몸인 교회가 하나님의 전신갑주로 무장하여 이 세상에서 마귀를 대적하여 적극적으로 영적전쟁을 수행하여 복음을 수호하고 자라게 해야 함을 강조합니다.
또한 바울은 로마 감옥에서 풀려 나와 서바나로 가기 전에 에베소에 들렀고 그 교회를 디모데가 사역하도록 맡겼습니다. 그리고 바울은 젊은 목회자 디모데를 위해 목회 서신인 디모데전서를 기록했습니다. 디모데가 목회하고 있는 에베소교회의 율법 교사들이 기독교와 유대교를 혼합하려는 움직임이 있었고 또한 이단의 위협이 있었으므로 바울은 이런 거짓된 가르침에 맞서 젊은 목회자 디모데에게 복음을 가르치는 일에 전심전력하고 말과 행실에 본이 될 것을 당부합니다.

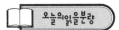

년      월      일

📖 **오늘의읽을분량**

엡 1~6장
딤전 1~6장

# 에베소서

**85-1**  에베소는 어떤 도시이며, 에베소 교회는 언제 세워졌습니까? – p 588

**85-2**  에베소서에서 영적 전투를 강조한 이유는 무엇이며, 무장 방법은 무엇입니까? – p 590

**85-3**  에베소서의 신학적 특징은 무엇입니까? – p 591

# 디모데 전서

**85-5** 에베소에서 목회하고 있는 디모데에게 서신을 보낸 시기와 목적은 무엇입니까? – p 593

**85-6** 에베소 교회의 상태는 어떻습니까? – p 593

**85-7** 에베소 교회의 담임목회자인 디모데에게 무엇을 당부하고 있습니까? – p 593

### 🌷 말씀이 삶이 되는 하루·· 85 일째

- 하나님의 전신갑주에는 "말씀의 검"이 유일한 공격 무기 입니다. 어떻게 하는 것이 "말씀의 검"을 활용하는 것인지 생각해 보세요. 나의 영적 싸움에서 이 무기가 잘 사용되고 있는지 점검해 보세요.

- 나의 영적 싸움에서 이 무기가 잘 사용되고 있는지 점검해 보세요.

- 그런 하루를 살고 난 기쁨과 좌절을 기록해 보세요. (전리품 찾기)

  하나님이 주인 되시는 나, 가정, 교회, 일터, 나라와 열방을 위해 기도합시다.

• 전리품 기록노트는 각 주차 끝에 있음.

*삶의 흔적을 기록하기*

## 86일

년    월    일

🕐 **86일차 요약**    로마 감옥에 2차로 수감된 바울은 자신이 세상을 떠날 때가 되었다는 것을 알고 어둠의 감옥 속에서 인생의 마지막 고독한 순간에 에베소에서 목회하고 있는 디모데에게 디모데 후서를 써서 보냈습니다. 죽음을 앞에 둔 바울은 하나님께서 주신 권위로 디모데가 자신의 연소함에 구애받지 말고 거짓 교사와 거짓 교훈이 난무한 상황에서 진리의 말씀을 옳게 분변하여 그에게 주신 직임을 잘 감당할 것을 권면합니다. 예수 그리스도의 좋은 군사로서 자신을 하나님 앞에 드릴 것을 권면하며 디모데의 영적 멘토로서 마지막 실천적 당부를 남겨놓았습니다.

베드로전서는 믿음으로 인해 박해 당하는 소아시아 북쪽에 흩어져 사는 그리스도인들에게 베드로가 보낸 서신서입니다. 로마의 네로 시대가 되자 그리스도인들에 대한 핍박은 유대 지경을 넘어 확대되었고 조직적이 되었습니다. 베드로는 네로의 박해 직전에 베드로전서를 기록하여 앞으로 곧 큰 박해와 고난이 올 것을 예언하며 이 땅에서 나그네로 사는 신자들에게 피할 수 없는 고난에 맞서 끝까지 믿음으로 견디고 승리하도록 격려합니다. 베드로는 신자들의 중요한 목표가 근신하고 깨어 거룩하고 구별된 삶을 통해 사람들로 하여금 하나님을 주목하게 하는 것임을 말씀합니다. 곧 있을 불 시험과 박해에 대해 썩지 않고 쇠하지 아니하는 영원한 유업을 소망하며 인내하도록 격려했습니다.

📖 **오늘의 읽을 분량**

딛 1~3장
딤후 1~4장
벧전 1~5장

# 디도서

**86-1** 그레데에서 목회하고 있는 디도에게 서신을 보내게 된 시기와 목적은 무엇이며, 주 내용은 무엇입니까? - p 594

**86-2** 하나님께서 우리를 구원하신 목적은 무엇입니까?(딛 2:14 참조) - p 595

# 디모데 후서

**86-3** 바울이 다시 디모데후서를 써서 보낸 목적은 무엇입니까? - p 596

**86-4** 하나님께서 맡기신 사역을 하기 위해서 절대적으로 중요한 것이 성경입니다. 왜 그렇습니까? - p 598

# 베드로 전서

**86-5** 베드로전서의 수신자는 어떤 상황에 처해 있으며, 베드로전서를 보낸 목적은 무엇입니까? - p 599

인위뚝! 신위GO!

**86-6** 이런 박해에 처한 그리스도인들에게 신자의 중요한 목표가 무엇이라고 권합니까? – p 600

🌷 *말씀이 삶이 되는 하루‥ 86일째*

- 딤후 3:16-17과 4:3-4을 함께 묵상해 보세요. 자기 귀를 즐겁게 하는 것을 추구하는 자는 결코 성경의 능력을 얻을 수 없음을 깊이 생각해 보세요.

- 나는 내 귀를 즐겁게 하는 것을 말씀 듣기에 우선순위로 두는 자인지 한번 생각해 보세요.

- 말씀의 능력을 추구하며 하루를 살고 난 기쁨과 좌절을 기록해 보세요. (전리품 찾기)
  하나님이 주인 되시는 나, 가정, 교회, 일터, 나라와 열방을 위해 기도합시다.

• 전리품 기록노트는 각 주차 끝에 있음.

*삶의 흔적을 기록하기*

인위뚝! 신위GO!

## 87일

**오늘의 읽을 분량**

유 1장
벧후 1~3장
히 1~7장

⏱ **87일차 요약**    베드로후서는 베드로가 자신의 임박한 죽음을 앞두고 종말에 하나님의 심판이 있음을 알리고 교회를 어지럽히는 이단과 거짓 교사들이 장차 받을 하나님의 심판을 경고하며 그들을 물리칠 것을 당부하기 위해 썼습니다. 베드로는 자신이 변화산에서 직접 경험했던 하나님의 영광을 근거로 예수님의 재림을 확신있게 전하며 예수 그리스도를 앎으로 하나님의 성품을 닮아가며 영적으로 성장할 것을 권면합니다.

히브리서는 박해를 피해 유대주의로 돌아가기를 고집하는 자들을 향하여 그리스도가 얼마나 탁월하시고 유일하신 중보자이신지를 변증하는 서신서입니다. 구약의 제사제도를 배경으로 볼 때 예수그리스도는 대제사장 보다, 모든 천사 보다, 또한 모세보다 뛰어나신 하나님의 아들이심을 강조합니다. 그 분은 레위기의 제사장직을 능가하는 더 좋은 언약의 중보자로 오셔서 자신의 육체를 영 단 번의 제물로 드리신 우리의 대제사장이십니다. 아론의 후손으로 오시지 않고 위로부터 오신 예수 그리스도를 믿는 믿음을 확고히 하여 이제 다시 유대주의로 돌아가지 말 것을 당부합니다. 히브리서는 구약의 모든 제사제도가 예수 그리스도가 누구이신지를 깨닫게 하기 위한 그림자이었음을 말씀합니다. 따라서 이제는 예수 그리스도를 깊이 생각하고 그 분을 바라보고 그 분께 나아가는 믿음으로 살아갈 것을 강조합니다.

# 유다서

**87-1** 유다서의 저자는 누구이며, 유다가 목회하는 공동체의 상황은 어떠했습니까? - p 601

**87-2** 교회에 가만히 들어와서 이단의 가르침을 퍼트리는 암초 같은 이들의 특징은 무엇입니까? (유 1:16-19 참조) - p 601

**87-3** 그런 암초에 걸려들지 않기 위해 믿는 자는 어떻게 살라고 합니까?(유 1:20-21 참조) - p 602

# 베드로 후서

**87-4** 베드로는 베드로후서 마지막에서 무엇을 강조하고 있습니까? (벧후 3:18 참조) - p 603

# 히브리서

**87-5** 히브리서의 수신자는 어떤 상황에 처한 사람들입니까? - p 605

**87-6** 하나님이 기뻐하시는 전인적 예배(제사)는 무엇입니까?(히 13:15-16 참조) - p 606

**87-7** 하나님이 기뻐하시는 삶을 살기 위한 3대 주요 동사는 무엇입니까? – p 607

🌷 *말씀이 삶이 되는 하루·· 87 일째*

• 유다서를 읽고 권징에 대해 묵상해 보세요.

• 오늘 교회에 이런 권징이 있는가? 없다면 왜 없을까? 딤후 4:3-4과 연계해서 판단해 보세요. - "좋은 게 좋다"가 만연하는 교회, 번영신학과 시장원리가 교회의 지배 원리가 된 이 시대에 권징이 바로 서야 하지 않을까요? 생각을 서로 나누어 보세요.

• 말씀의 능력을 추구하며 하루를 살고 난 기쁨과 좌절을 기록해 보세요. (전리품 찾기)
하나님이 주인 되시는 나, 가정, 교회, 일터, 나라와 열방을 위해 기도합시다.

• 전리품 기록노트는 각 주차 끝에 있음.

*삶의 흔적을 기록하기*

인위뚝! 신위GO!

🕐 **88일차 요약**    요한일서를 기록한 사도 요한은 예루살렘 교회의 지도자였고 예루살렘이 멸망한 후에는 에베소에서 목
회하였습니다. 요한일서는 하나님의 사랑을 강조하고 또한 형제들이 서로 사랑할 것을 강조합니다. 요한
일서에는 두 종류의 사람들이 대조적으로 나타납니다. 빛이신 하나님을 사랑하고 예수께서 그리스도이심을 믿는 사람들은 하
나님의 씨가 그의 속에 거하여 형제를 사랑합니다. 형제를 사랑하는 자들은 사망에서 옮겨 영생으로 들어간 자들입니다. 그들
가운데는 기쁨의 사귐이 있습니다. 그러나 나머지 한 부류의 사람들은 예수께서 그리스도이심을 부인하는 자들로 거짓에 속하
여 불법을 행하는 자들입니다. 형제를 사랑하지 않는 자들은 하나님께 속한 자들이 아니고 가인과 같은 부류로 형제에게 악을
행하는 자들입니다. 그들 속에는 영생이 거하지 않습니다.

요한이서는 거짓 교사를 모르고 받아들인 한 부녀에게 참 진리에 대해 알리고자 쓰여진 서신서입니다. 예수 그리스도께서 사
람으로 이 세상에 오신 것을 부인하는 거짓교사들과 적그리스도 무리들과는 사귀지도 말고 그러한 자들을 집에 들이지도 말
라고 말씀하십니다.

한편 요한삼서는 나이 많은 사도 요한이 사랑이 많은 가이오에게 보낸 서신서입니다. 요한삼서에는 상반된 두 인물이 등장합니
다. 사도 요한은 데메드리오라는 사람이 보상을 바라지 않고 전도여행을 다니는 전도자들과 나그네들을 영접하고 잘 섬긴 것을
칭찬합니다. 반면에 디오드레베라는 인물은 교회의 지도자였지만 으뜸되기를 좋아했을 뿐 순회전도자들을 영접하지도 않았
습니다. 사도 요한은 후에 그 교회를 방문할 때 핍박자들을 엄히 대할 것을 경고합니다.

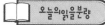

**오늘의읽을분량**

**히 8~13장**
**요일 1~5장**
**요이 1장**
**요삼 1장**

**88-1**  히브리서는 예수님을 구약의 어느 책과 비교하며 묘사하고 있습니까? - p 608

**88-2**  히브리서 11장(믿음의 전당)을 기록한 이유는 무엇입니까? - p 609

# 요한일서

**88-3**  사도 요한이 보낸 요한일서의 수신자들은 어떤 상태에 놓여 있습니까? - p 611

**88-4**  요한일서의 전면에 흐르고 있는 참 그리스도인의 삶의 원리는 무엇입니까? - p 612

# 요한이서

**88-5**  요한이서를 보낸 목적은 무엇입니까? - p 614

# 요한삼서

88-6 요한삼서를 보낸 목적은 무엇입니까? – p 615

🌷 *말씀이 삶이 되는 하루·· 88일째*

- 요일 3:13-20과 요일 4:20-21을 깊이 묵상하세요. 사랑과 믿음은 명사가 아니고 동사임을 사도 요한 매우 강조합니다.

- 나의 믿음과 사랑은 뜨거움이 있고, 실행함이 있는가?
  - "지켜 행하라." 이것은 하나님의 명령입니다. 명령은 목숨을 걸고라도 지켜야 하는 것입니다.

- 명령을 지키며 하루를 살고 난 기쁨과 좌절을 기록해 보세요. (전리품 찾기)
  하나님이 주인 되시는 나, 가정, 교회, 일터, 나라와 열방을 위해 기도합시다.

  • 전리품 기록노트는 각 주차 끝에 있음.

*삶의 흔적을 기록하기*

# 13 마지막 때(종말)

🕐 **89/90일차 요약**   요한계시록은 1세기 말 로마 제국의 극심한 박해 속에 있는 초대교회 교인들을 위해 장차 세상의 종말에 이루어질 하나님나라의 완전한 회복의 과정을 사도 요한에게 환상과 계시로 보여주셔서 기록한 묵시적 서신서입니다. 특히 소아시아 일곱 교회의 성도들에게 장차 하나님께서 예비하신 새 하늘과 새 땅에 대한 소망을 품고 제국의 박해를 믿음으로 견디도록 성령께서 각 교회에 주시는 구체적인 메시지를 기록하고 있습니다.

창세기의 에덴에서 시작된 하나님의 나라는 사탄과의 전쟁에 대한 선전포고로 영적인 전쟁이 시작되어 예수님의 초림에 의한 십자가 사건으로 절정에 이르고 장차 계시록에 예언된 대로 예수님의 재림을 통해 완성될 것입니다. 마지막 때에 하나님 보좌 우편에 계신 예수그리스도께서 일곱 인으로 봉해진 심판의 책의 인봉을 떼시면 대 환난과 하나님의 진노의 심판이 시작될 것입니다. 그 심판 이후에 하나님께서 예비하신 새 하늘과 새 땅, 거룩한 성 새 예루살렘이 하늘로부터 내려오게 될 것입니다. 이처럼 창세기에서 시작된 하나님의 종말론적인 구속의 역사는 요한계시록에서 예수님의 재림과 바벨론으로 대표되는 세상 나라에 대한 하나님의 진노의 심판으로 끝나지 않고, 그 가운데 열방 가운데서 하나님의 계명을 지켜 행하며 여인의 후손으로 오신 예수그리스도를 믿는 하나님의 백성들이 마침내 하나님께서 예비하신 새예루살렘에 들어가게 됨으로 완성될 것입니다.

오늘의읽을분량

**계 1~11장**

# 요한 계시록

**89-1** 요한계시록의 수신자는 어떤 상황에 처해 있으며, 하나님께서 계시록을 기록하게 하신 목적은 무엇입니까? - p 616

**89-2** 요한계시록을 바르게 이해하기 위한 사항들은 무엇입니까? - p 621

**89-3** 천년왕국설은 어떤 견해로 나누어져 있습니까? - p 624

**89-4** 요한계시록의 구조는 어떻게 구분할 수 있습니까? - p 627

**89-5** 나팔 재앙(계 7장)을 통해 하나님의 백성들에게 격려하고 있는 것은 무엇입니까? - p 632

---

👆 **말씀이 삶이 되는 하루·· 89 일째**

• 계시록이 종말론적 구속의 역사의 완성을 보여 주는 책임을 보여 주는 구절인 1:5하-6, 5:10을 잘 새겨 묵상해 보세요.

   계 1:5하-6 평강이 너희에게 있기를 원하노라 우리를 <u>사랑하사</u> 그의 피로 우리 죄에서 우리를 <u>해방하시고</u> 그의 아버지 하나님을 위하여 우리를 <u>나라와 제사장</u>으로 삼으신 그에게 영광과 능력이 세세토록 있기를 원하노라 아멘 계 5:10 그들로 우리 하나님 앞에서 <u>나라와 제사장</u>들을 삼으셨으니 그들이 <u>땅</u>에서 <u>왕 노릇</u> 하리로다. 밑줄 친 부분은 구약의 구속의 역사의 근간을 이루는 개념을 보여 준다. 그 의미를 잘 새겨보세요.

• 나는 계시록에 대해 바르게 이해하고 있는지 점검해 보세요.

• 말씀을 지켜 행하며 하루를 살고 난 기쁨과 좌절을 기록해 보세요.(전리품 찾기) 하나님이 주인 되시는 나, 가정, 교회, 일터, 나라와 열방을 위해 기도합시다.

• 전리품 기록노트는 각 주차 끝에 있음.

# 90일

**계 12~22장**

**90-1** 요한계시록 12~19장의 엄청난 재앙에서 하나님의 백성은 어떻게 살아야 한다고 말하고 있습니까? – p 634

**90-2** 요한계시록 21~22장은 무엇에 대해 말해 주고 있습니까? – p 636

**90-3** 이 내용은 어떤 말씀이 이루어지고 있는 것입니까? – p 637

**90-4** 이제 우리의 믿음은 어디에 초점을 맞추고 살아야 합니까? – p 637

### 💧 말씀이 삶이 되는 하루·· 90 일째

• 통독 완독을 축하하고 축복합니다.
그러나 끝이 아닙니다. 이제부터 이 통큰통독에서 배운 관점으로 지속적으로 성경을 읽도록 강력히 권합니다. 그렇지 못하면 통통하기 전의 모습으로 돌아가기가 쉽습니다.
①종말론적 관점 ②하나님 나라의 회복 ③구별된 삶의 관점으로 읽는 유용함을 배웠고, 또 변화함을 경험했습니다. 이제 이 땅에서 하나님 나라의 가치를 품고 영원을

준비하는 삶을 살기 위해 내일부터 반드시 2명 이상으로 그룹을 만들어 함께 통큰통독의 성경 읽기를 시작하십시오. 그리고 이 땅에서 호흡을 마치는 날 완성된 하나님 나라에서 영광스러운 기쁨으로 그 날을 소망하며 살아가시기를 축원하고 축복합니다.

• PPT에 수록된 "주님 다시 오실 때 까지"를 찬양합시다.

• 전리품 기록노트는 각 주차 끝에 있음.

*삶의 흔적을 기록하기*

# 통통 90일 성경일독 전리품 보물 창고

### 제85일차 ~ 90일차

통통의 핵심 정신은 '인위(자기중심성)' 뚝! 신위 GO!입니다. 우리는 말씀 앞에서 자기중심성을 뚝 꺾고 신위 GO한 결과를 '전리품'이라고 합니다. 이 전리품들은 결국 우리의 삶의 변화로 나타나고, 또한 궁극적인 하나님 나라에까지 연결되는 것이기에 하늘의 보물 창고에 쌓는 연습을 위해 매주 '보물 창고'에 기록할 것입니다.

*(                    )조    *이름 : (                    )

| 읽은 성경 범위 : | 읽은 일 : 20 | 년 | 월 | 일 |

**보물창고 샘플**

● **15주:** 창세기 3:15에서 시작한 하나님의 구속의 역사의 긴 과정이 그 대단원의 막을 내린다.

새 하늘과 새 땅에서 처음 에덴을 온전히 회복시키신다.

창세기 1:26-28에서 약속하신 복을 성취하신다. 이 사실을 통해 성경이 통전적으로 이해가 되는가? 그 하나님의 크신 경륜(시위) 앞에 나의 중심성을 온전히 내려놓아야 하는 이류를 충분히 알았는가? 그래서 이제 이후로 하나님을 창조주 하나님, 섭리주 하나님, 구속주 하나님으로 나의 유일하신 진정한 주인으로 섬기기를 다시 다짐하며 결단할 수 있는가?

신위GO!

이제 이 순서대로 매일 성경을 읽으시며 묵상하시고,
그 말씀이 삶 속에 이루어지도록 기도하시면서,
말씀이 삶이 되어 하나님의 은총과 능력이
여러분의 삶에 넘치시도록
주님의 이름으로 축복합니다.

# 부록
## 지도 및 도표 익히기

# 구약 지명 익히기

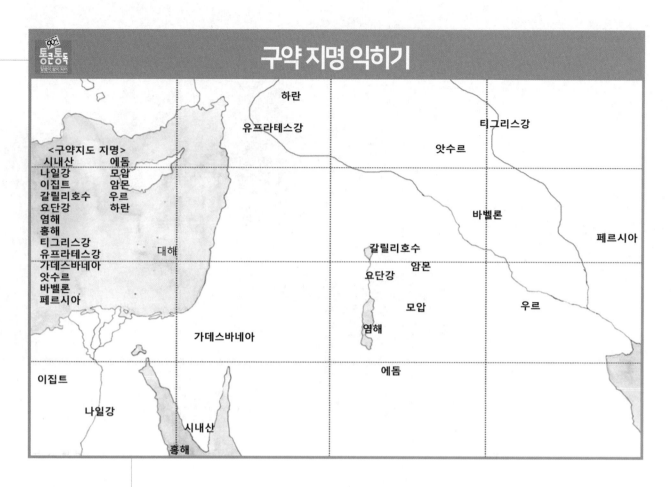

**〈구약지도 지명〉**
시내산      에돔
나일강      모압
이집트      암몬
갈릴리호수   우르
요단강      하란
염해
홍해
티그리스강
유프라테스강
가데스바네아
앗수르
바벨론
페르시아

하란
유프라테스강
티그리스강
앗수르
바벨론
페르시아
대해
갈릴리호수
암몬
요단강
모압
우르
염해
가데스바네아
에돔
이집트
나일강
시내산
홍해

# 구약 지명 써보기

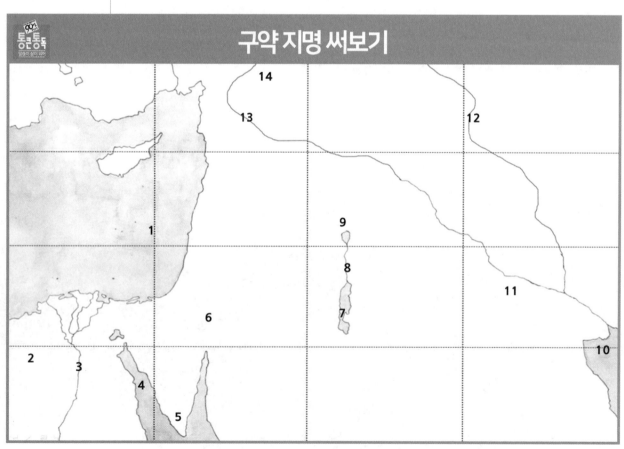

# 시대로 본 구약 익히기

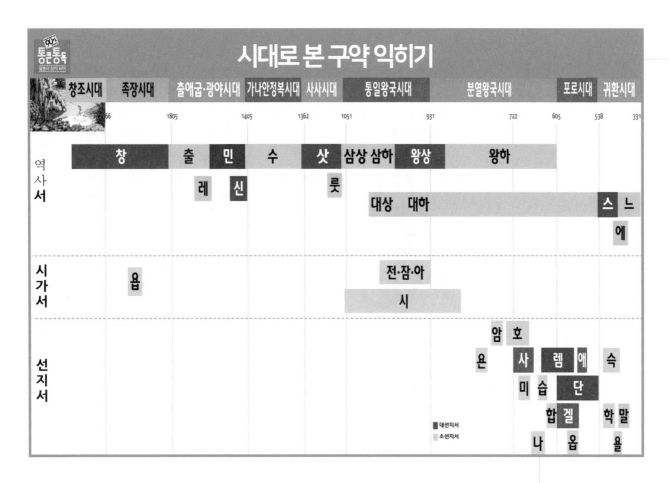

# 시대로 본 구약 써보기

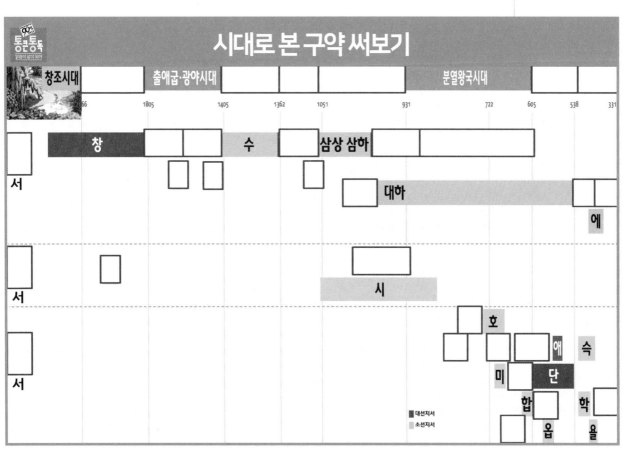

# 지리로 본 구약 익히기

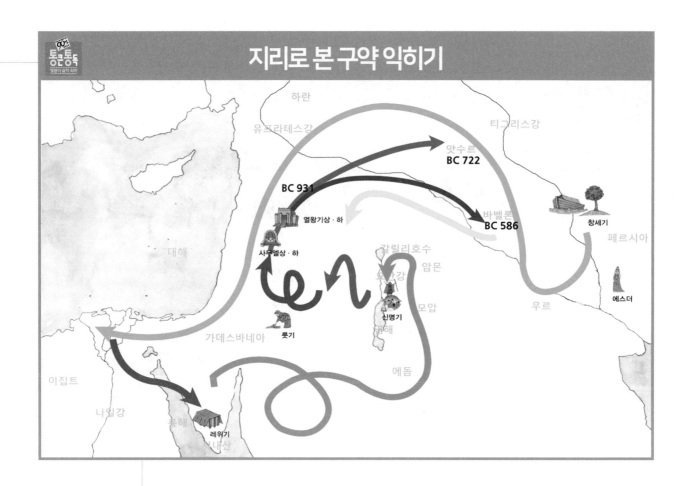

# 지리로 본 구약 그려보기

<구약지도 지명>
시내산          에돔
나일강          모압
이집트          암몬
갈릴리호수      우르
요단강          하란
염해
홍해
티그리스강
유프라테스강
가데스바네아
앗수르
바벨론
페르시아

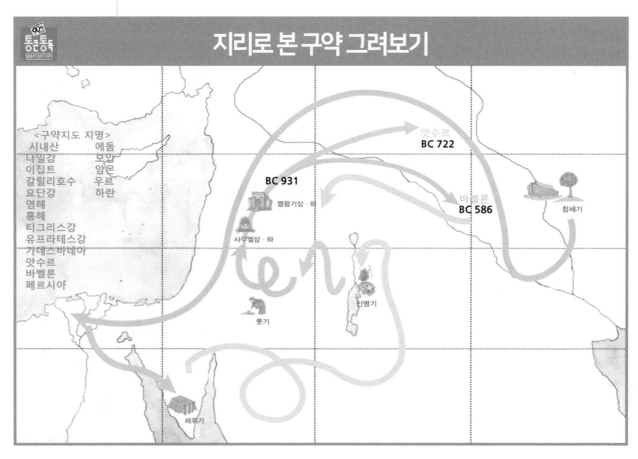

# 남북 왕조와 선지자 한 눈에 보기

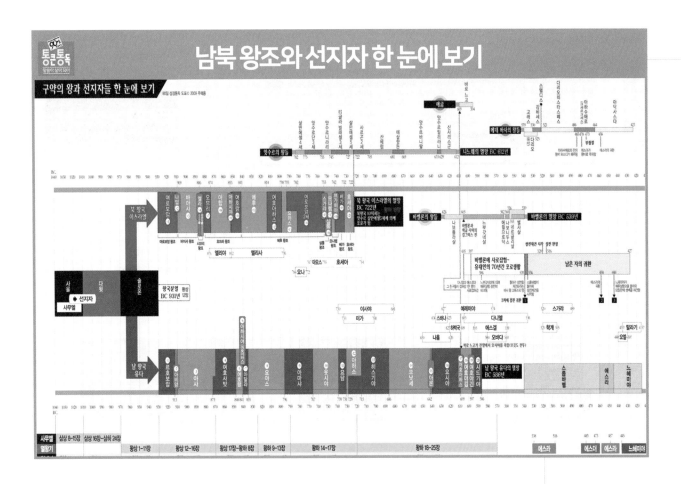

# 남북 왕조 왕 이름 익히기

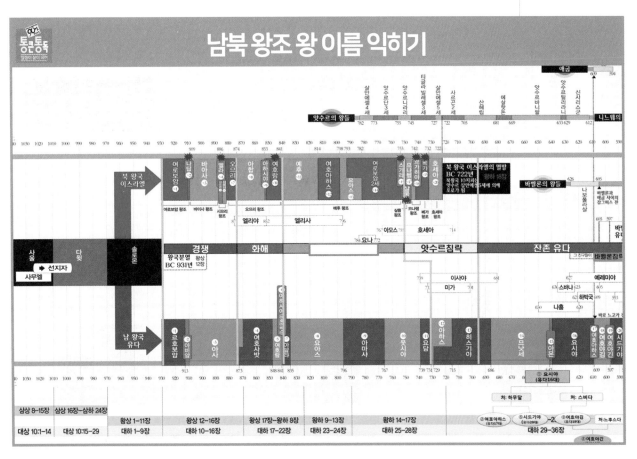

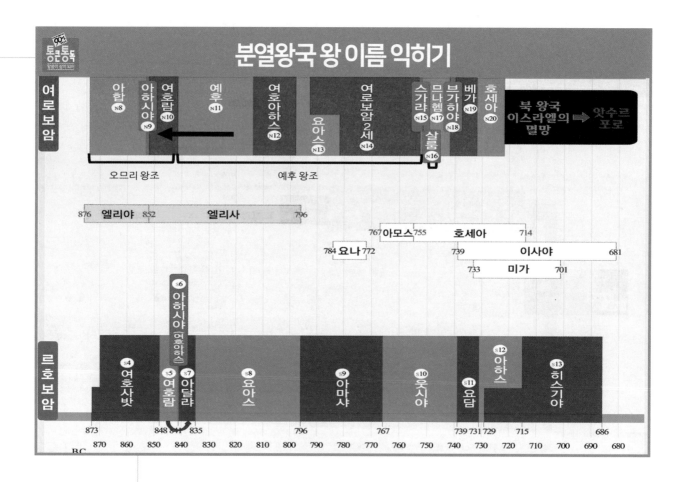

분열왕국 왕 이름 익히기

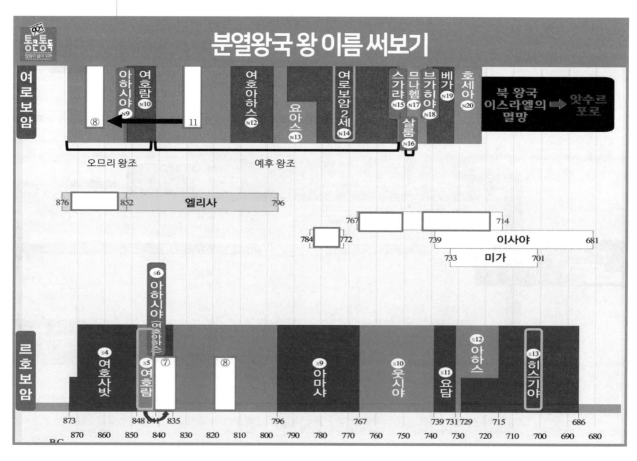

분열왕국 왕 이름 써보기

# 잔존 유다 왕국 왕 이름 익히기

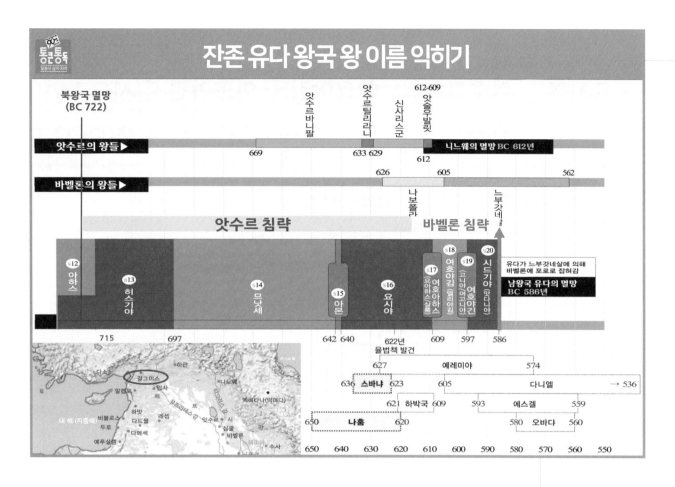

# 잔존 유다 왕국 왕 이름 써보기

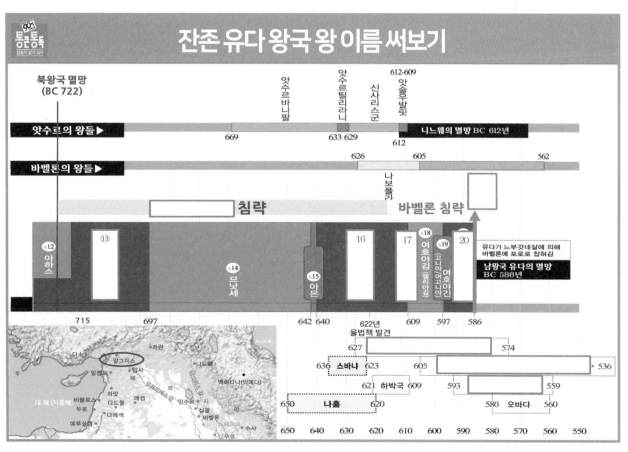

# 남왕국 멸망 직전 다섯 왕 익히기

| 요시야 | 여호아하스 | 여호야김 | 여호야긴 | 시드기야 |
|---|---|---|---|---|
| .8세 즉위<br>.종교 개혁<br>.BC609 1차 갈그미스 전투 위해 올라가는 바로 느고에게 길 비켜주지 않고 므깃도에서 전사(왕하 23:29) | .백성이 세움<br>.3달 통치<br>.느고에 의해 애굽으로 잡혀가서 죽음<br>(왕하 23:31-34) | .느고가 세움<br>.BC605 2차 갈그미스전투 시 느부갓네살이 느고 제압 이집트 추격하다 충성 맹세 받음(조공)<br>.예레미야에게 적대적→친애굽<br>.BC 605<br>1차 포로, 다니엘 | .바벨론이 세움<br>.멸망 예언 들음<br>(렘 22:24-25)<br>.느부갓네살이 예루살렘 침공(왕하 25:27- 30)<br><br>.BC 597<br>2차 포로, 에스겔<br>.37년 후 출옥 | .바벨론이 세움<br>.예레미야 예언 무시(친애굽 정책)<br>.눈뽑힌 채로 많은 백성들과 포로로 잡혀감(렘 39:4-7)<br>.유다 멸망<br>.BC 586<br>3차 포로, 유다멸망 |

```
                    S16 요시야
                    (31년 통치)
        ┌───────────────┼───────────────┐
  S18 여호야김      S17 여호아하스      S20 시드기야
  엘리야김           살룸               맛다디야
  (11년 통치)       (3달 통치)         (11년 통치)
        │
  S19 여호야긴
  여고냐, 고니야
  (3달 10일 통치)
```

# 남왕국 멸망 직전 다섯 왕 써보기

| | | | | |
|---|---|---|---|---|
| .8세 즉위<br>.종교 개혁<br>.BC609 ☐ 갈그미스 전투 위해 올라가는 바로 느고에게 길 비켜주지 않고 므깃도에서 전사(왕하 23:29) | .백성이 세움<br>.3달 통치<br>.☐에 의해 애굽으로 잡혀가서 죽음<br>(왕하 23:31-34) | .☐가 세움<br>.BC605 ☐ 갈그미스전투 시 느부갓네살이 느고 제압 이집트 추격하다 충성 맹세받음<br>☐에게 적대적→친애굽<br>.BC 605<br>1차 포로, ☐ | .☐이 세움<br>.멸망 예언 들음<br>(렘 22:24-25)<br>.느부갓네살이 예루살렘 침공(왕하 25:27- 30)<br>.BC 597<br>2차 포로,☐<br>.37년 후 출옥 | .바벨론이 세움<br>.예레미야 예언 무시(친애굽 정책)<br>.눈뽑힌 채로 많은 백성들과 포로로 잡혀감(렘 39:4-7)<br>.유다 멸망<br>.BC 586<br>3차 포로, 유다멸망 |

```
                    S16 요시야
                    (31년 통치)
        ┌───────────────┼───────────────┐
  S18☐            S17☐             S20 시드기야
  엘리야김           살룸               맛다디야
  (11년 통치)       (3달 통치)         (11년 통치)
        │
  S19 여호야긴
  여고냐, 고니야
  (3달 10일 통치)
```

인위뚝! 신위GO!

# 포로 귀환 시대 익히기

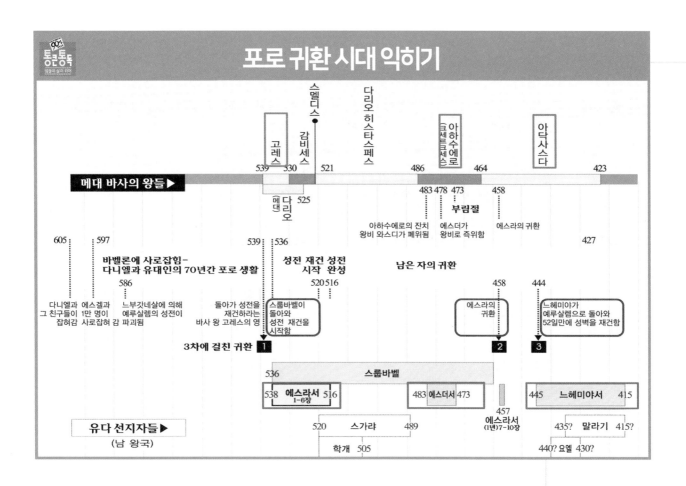

# 포로 귀환 시대 써보기

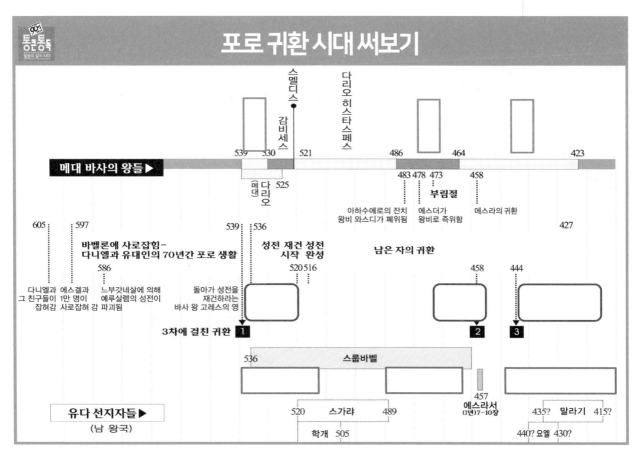

# 시대로 본 신약 익히기

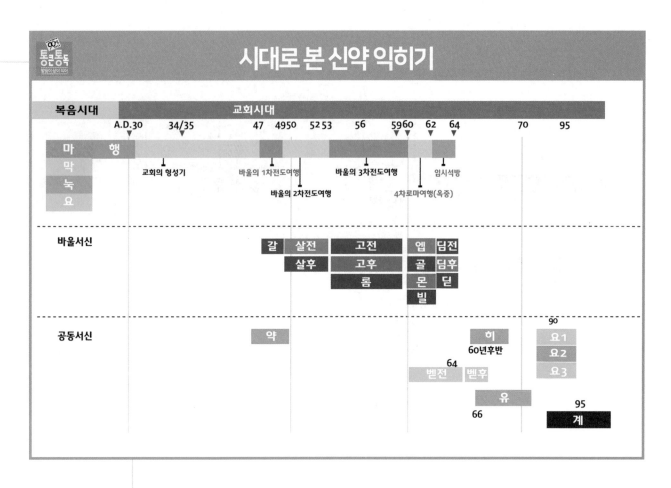

# 시대로 본 신약 써보기

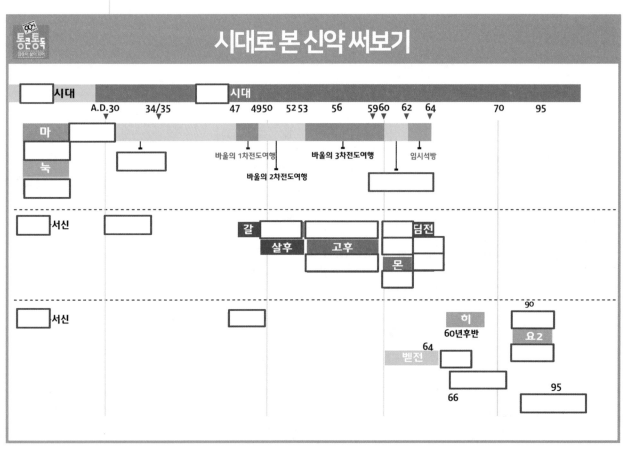

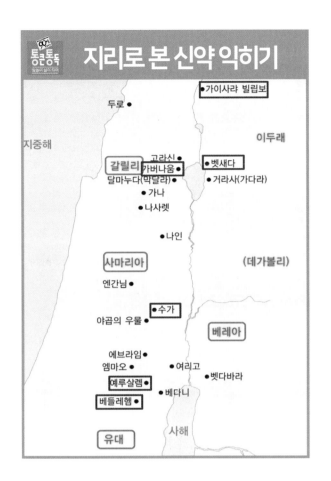

지중해

두로 ●

● 가이사랴 빌립보

이두래

갈릴리 │ 고라신 ●
가버나움
달마누다(막달라) ●
● 가나
● 나사렛

● 벳새다

● 거라사(가다라)

● 나인

사마리아

(데가볼리)

엔간님 ●

야곱의 우물 ●

수가

베레아

에브라임 ●
엠마오 ●
예루살렘
베들레헴

● 여리고
● 벳다바라
● 베다니

유대

사해

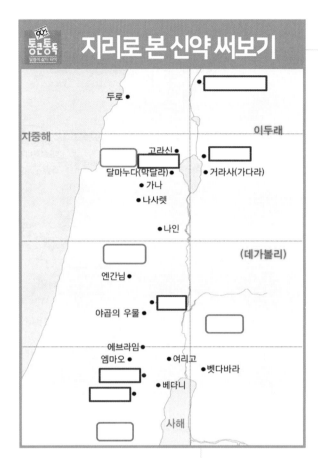

지중해

두로 ●

이두래

고라신 ●
달마누다(막달라) ●
● 가나
● 나사렛

● 거라사(가다라)

● 나인

(데가볼리)

엔간님 ●

야곱의 우물 ●

에브라임 ●
엠마오 ●

● 여리고
● 벳다바라
● 베다니

사해

# 바울 전도여행 지명 익히기

◆ 소아시아 일곱교회

# 바울 전도여행 익히기

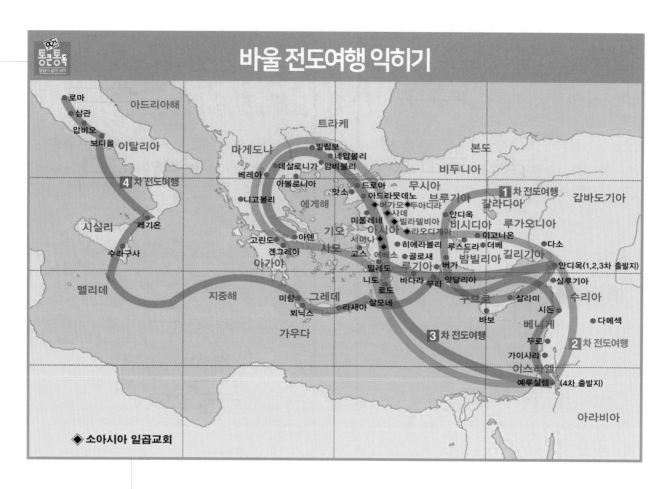

# 바울 전도여행 그려보기

# 공인 강사·소그룹 인도자(조장) 훈련 지원서

| | |
|---|---|
| 성명 (한글) | 성별 |
| (영문) | |

주소

email

전화번호

소속 교회                                        직분

왜 소그룹 인도자(조장)가 되기를 원하시는가요?




사역원 사용 공간




작성하셔서 이메일 tongtong90days@gmail.com으로 보내 주시면 훈련 세미나가 잡혀지는 대로 통보해 드리겠습니다.

새 워크북 **187**